Nicolas Priou

Die besten Tipps & Tricks aus Großmutters Zeit

Garten · Küche · Haushalt · Gesundheit

DÖRFLER · VERLAG

Inhalt

Tipps & Tricks
aus
Großmutters
Zeit

Unsere Großmütter kannten Tipps und Tricks zur Fleckenentfernung auf Kleidung, Linderung bei Brennnessel-Verletzungen und Küchendekoration, bevor es Haushaltsreparaturservices, aktive Fleckentferner, 3-in-1-Produkte oder das Internet gab. Für sämtliche Probleme gab es früher einfache, billige und oft logische Mittel; in modernen Lösungen, die teuer und manchmal wirkungslos sind, findet man dies nur noch selten.
Entdecken Sie das Gefühl vergangener Zeiten mit diesem Buch, das praktische Tipps und Tricks für all diese Alltagsprobleme beinhaltet. Das Buch ist in verschiedene Kapitel gegliedert – Garten, Küche, Haustiere, Gesundheit und Schönheit, Wäsche und Kleidung, Dekoration, Pflege – und erleichtert so die Suche nach geeigneten Lösungen bei speziellen Problemen. Ein alphabetisches Sachregister am Ende des Buches hilft bei der Suche; Abbildungen und Informationskästen erklären und verdeutlichen die verschiedenen Tipps und Tricks.

Garten

Wozu Dünger und Gartenzubehör kaufen, wenn sich alles Erforderliche in der Natur findet? Nahrungsreste, Kochwasser von Kartoffeln, alte CDs usw.: Nahezu alles lässt sich verwenden, um Ihren Garten ertragreicher zu machen, zu bearbeiten und zu schützen und sogar Katzen und Vögel fernzuhalten. Mithilfe der Tipps in diesem Kapitel, welche die Natur respektieren und sie sogar nutzen, können Sie wirtschaftlicher gärtnern.

Schneckenfallen

Wussten Sie, dass Schnecken Bier mögen? Graben Sie einen Plastikbecher zur Hälfte in die Erde ein (der erhöhte Rand sorgt dafür, dass keine Nützlinge versehentlich hineinfallen) und füllen Sie ihn etwa zur Hälfte mit Bier. Die Schnecken klettern in den Becher und ertrinken darin. Stellen Sie die Bierfallen nur innerhalb einer kleineren Fläche auf, die mit einem Schneckenzaun umgeben ist. Sonst locken Sie eventuell sämtliche Schnecken aus der Narbarschaft in Ihren Garten.

❧

Tomatenbewässerung

Mithilfe von Plastikflaschen lassen sich Tomatenpflanzen während der Urlaubszeit ideal bewässern. Schneiden Sie die Flaschenböden ab. Graben Sie die Flaschen kopfüber neben den Tomatenpflanzen ein und füllen Sie Wasser hinein. Jetzt können Sie beruhigt Ihren Urlaub genießen. Die Pflanzen werden langsamer bewässert, wenn Sie den Deckel auf der Flasche lassen und mehrere ausreichend große Löcher hineinbohren. Sorgen Sie dafür, dass die Löcher nicht mit Erde verstopft werden.

❧

CD-Vogelscheuche

Hängen Sie alte CDs in Ihre Obstbäume, um Vögel daraus zu verscheuchen. Kleben Sie zwei CDs an den Unterseiten zusammen, sodass die glänzenden Seiten nach außen zeigen. Fädeln Sie Schnur durch das Mittelloch und hängen Sie einige dieser „Vogelscheuchen" an den Ästen auf. Durch das reflektierende Sonnenlicht werden die geflügelten Plagegeister schnell verscheucht.

❧

Insektenbekämpfung mit Pflanzen

Sie können unerwünschte Insekten aus Ihrem Gemüsegarten fernhalten, wenn Sie ihn mit den Lieblingspflanzen der Insekten einfassen. Dazu zählen Dill, Kümmel, Rainfarn, Sonnenhut, Minze, Schafgarbe, Rosmarin und Thymian.

Riesenkürbisse

Möchten Sie rekordverdächtig große Kürbisse ernten? Dann entfernen Sie kleine und verunstaltete Blüten und lassen Sie nur die schönsten stehen. Gießen Sie die Pflanzen zusätzlich einmal wöchentlich mit einem Liter Milch.

❧

Pflaumen ernten

Ernten Sie Pflaumen, bevor sie von den Bäumen fallen und verderben. Biegen Sie den Stiel eines alten Fischernetzes so, dass er einen 45-Grad-Winkel mit dem Bogen des Netzes bildet. Binden Sie den Stiel an einen passenden Stock. Wenn Sie das Netz nun unter die Pflaumen halten und den Baum vorsichtig schütteln, können Sie die Pflaumen bequem auffangen.

❧

Frostschutz durch Glyzerin

Schützen Sie junge Pflanzen vor Frost. Vermischen Sie hierzu einen Teelöffel Alkohol und einen Esslöffel Glyzerin mit einem Liter Wasser. Füllen Sie diese Mischung in eine saubere Spritzflasche und besprühen Sie damit die jungen Triebe, um sie vor Frost zu schützen.

❧

„Wohlerzogene" Blüten

Gegen Ende des Sommers lassen nasse und schwere Blüten oft die Köpfe hängen. Abhilfe können kleine Zylinder aus Drahtgeflecht schaffen, die Sie umittelbar nach dem Austreiben um die Stiele herum in die Erde pflanzen. Die Blüten wachsen innerhalb des Geflechts, die Blätter können hindurchwachsen, und Ihre Pflanzen lassen nie mehr die Köpfe hängen.

Anlocken von nützlichen Insekten

Manche Insekten sind Gartenparasiten, während sich andere von diesen Parasiten ernähren oder zur Bestäubung beitragen. Die vielen nützlichen Insekten sollte man versuchen anzulocken:

❧

… Hummeln

Graben Sie ein Loch von der Größe eines Blumentopfes. Legen Sie Heu in das Loch und darauf den umgestülpten Blumentopf. Das Abzugsloch muss bündig mit der Erdoberfläche abschließen. Legen Sie Kieselsteine und einen flachen Stein darauf. Die Hummeln werden dieses improvisierte Nest mit Freude annehmen.

❧

… Ohrwürmer

Füllen Sie Stroh in einen Blumentopf und bedecken Sie es mit Drahtgeflecht. Drehen Sie den Topf um, sodass ein „Strohbett" über dem Drahtgeflecht entsteht. Hängen Sie den Topf nachts in Bodennähe auf, damit die Ohrwürmer sich darin verstecken können. Wenn Sie den Topf tagsüber in die Nähe von Blattläusen stellen, werden die Bewohner einen „Festtag" haben.

❧

… Sonnenblumen und Schmuckkörbchen

Diese Blumen ziehen Bienen und insektenfressende Vögel an. Wenn Sie die Blumen an der Nordseite Ihres Gemüsegartens aussäen, dienen sie gleichzeitig als Windschutz.

... Bienen

Spalten Sie ein Stück Eichen- oder Kastanienholz der Länge nach. Bohren Sie mehrere verschieden dicke und tiefe Löcher in die Holzstücke und stellen Sie diese aufrecht auf den Gartenboden. Solitärbienen nisten darin, sammeln Pollen von benachbarten Obstbäumen und sorgen so für eine üppige Blütensaison.

Bewässerung von Topfpflanzen

Eine Plastikflasche ist auch für Zimmerpflanzen gut zur Bewässerung geeignet. Stellen Sie den Topf (mit einem Abzugsloch im Boden) in eine wesentlich größere Schüssel. Bringen Sie zwei V-förmige, 3 Millimeter tiefe Kerben am Flaschenhals an und schneiden Sie den Boden ab. Stellen Sie die Flasche mit dem Hals nach unten in die Schüssel, befestigen Sie sie am Topf und gießen Sie Wasser hinein. Die Pflanzen erhalten Wasser bei Bedarf, ohne dass die Flasche leer läuft. Achtung: Achten Sie auf den geraden Stand des Flaschenhalses auf dem Schüsselboden.

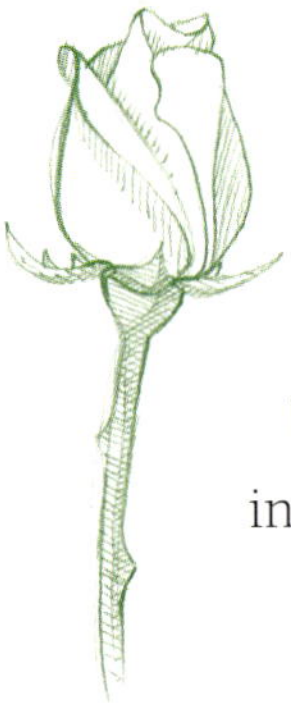

Bierliebhaber Rosen

Kletterpflanzen blühen bereitwilliger, bereits ab Juni, wenn Sie Verblühtes entfernen. Schneiden Sie hierzu die Stiele genau oberhalb des letzten gesunden Blatttriebs vor der Blüte ab. Sie können die Pflanzen auch stärken, indem Sie ein wenig Brauhefe in das Gießwasser geben.

Günstige Pflanzenschildchen

Schneiden Sie ausgediente Plastikschüsseln in schmale Streifen (2 x 5 cm). Schreiben Sie im Frühjahr die Namen der Pflanzen und Sämlinge mit einem wasserfesten Filzstift darauf und stecken Sie die Etiketten in die Erde. Diese unverwüstlichen, regenfesten Schildchen bleiben bis zur Erntezeit an ihrem Platz.

Gesundes Saatgut

Wie lässt sich keimfähiges von schlechtem Saatgut unterscheiden? Übergießen Sie hierzu die Samen mit Wasser. Luftgefüllte Samen steigen zur Oberfläche auf und können entfernt werden. Die restlichen Samen sind für die Aussaat geeignet.

Günstiger Dünger

Alte Knochen und Holzreste, vermischt mit Hornspänen, ergeben einen sehr guten Dünger. Verbrennen Sie Knochenabfälle aus der Küche, Schnittabfälle aus dem Garten und unbehandelte Holzreste. Vermischen Sie die Asche mit Hornspänen (gibt's im Gartenfachhandel). Eine optimale Dosierung ist: 1 Teil verbrannte Knochen, 2,5 Teile Hornspäne und 5 Teile Holzasche.

Wurzelstöcke

Rosen lassen sich nicht nur durch Pfropfen vermehren. Graben Sie im Frühjahr einen 30 cm langen jungen Zweig eines Rosenstrauches 15 cm tief in die Erde ein. Er wird sich bewurzeln und im Sommer einen Schössling ausbilden. Sie können dann den neuen Trieb von dem alten Rosenstrauch abtrennen.

Wirkungsvolle Bewässerung

Gießwasser für Gartenpflanzen sollte nicht zu viel Kalzium oder Chlor enthalten und nicht zu kalt sein. Geben Sie einige Tropfen Zitronensaft in die Gießkanne, wenn Sie kalkhaltiges Leitungswasser haben. Lassen Sie das Wasser vor dem Gießen abstehen, damit es Umgebungstemperatur annehmen und das enthaltene Chlor verdunsten kann.

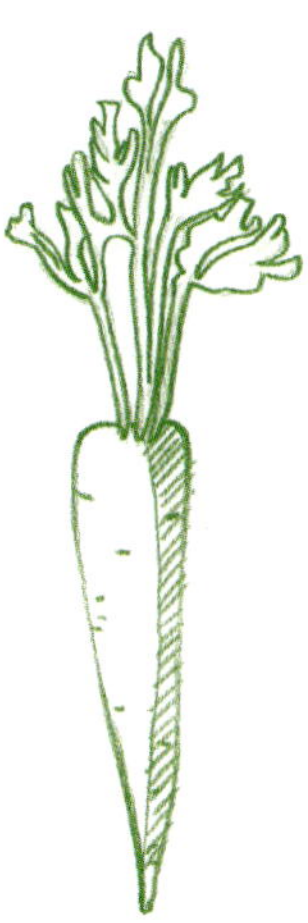

Karotten in der Erde lassen

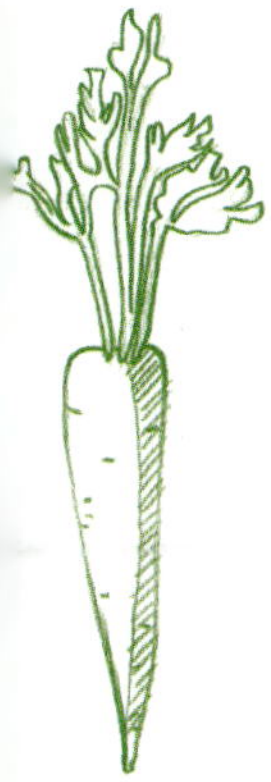

Lassen Sie Karotten im Winter in der Erde. Schneiden Sie alles Grün bodennah ab und lassen es an Ort und Stelle liegen. Legen Sie je eine Schicht abgestorbene Blätter und Torf darüber. Dieser pflanzliche „Überzieher" verbindet sich mit dem Regenwasser und schützt die Karotten vor schädlichen Einflüssen. Schieben Sie bei Bedarf Teile der Schutzschicht weg und ziehen Sie die Karotten heraus.

Katzenabwehr

… mit Pfeffer

Streuen Sie Cayennepfeffer um Ihre Pflanzen, um Verwüstungen durch Ihre Katze – oder die Ihrer Nachbarn – zu unterbinden. Im Allgemeinen genügt ein einziger Kontakt mit dem Pfeffer (bei einer „pfeffererfahrenen" Katze kommt es gar nicht so weit), um die Katzen fernzuhalten. Keine Angst, die kleinen „Gartenwüstlinge" behalten keinen bleibenden Schaden, lernen aber daraus.

❧

… mit Dornen

Verteilen Sie während der Aussaat- und Pflanzzeit Schnittabfälle von Rosensträuchern auf Ihren Gemüse- oder Blumenbeeten. Nach dem ersten Stich halten sich Katzen von den Pflanzen fern und gehen der Gefahr lieber aus dem Weg.

❧

… mit Wasser

Katzen hassen Wasser. Legen Sie sich mit einer Wasserspritze in der Hand auf die Lauer. Lassen Sie die Katze möglichst nahe herankommen und bespritzen Sie sie dann mit Wasser. Sie wird die entsprechende Stelle im Garten künftig immer mit einer kalten Dusche verknüpfen und deshalb meiden.

❧

… mit abstoßenden Gerüchen

Katzen hassen bestimmte Gerüche, zum Beispiel von Essig und Zitrusfrüchten, und gehen ihnen aus dem Weg. Im Garten eingesetzt, können Sie damit Katzen von den Blumenbeeten fernhalten. Weiterer Vorteil: Orangen- und Zitronenschalen in den Beeten geben beim Zersetzen Nährstoffe in die Erde ab.

Unkraut und Erdtyp

Bevor Sie für teures Geld Ihre Erde im Labor analysieren lassen, können Sie den Erdtyp selbst anhand des in der Erde vorkommenden Unkrauts bestimmen:

- Butterblumen, Ackerwinden, wilde Zichorien und Weidelgras zeigen schwere und tonhaltige Böden an;
- Kamille, Ginster, Quecken, Vogelmiere, Heidekraut und Farne sprechen für lockere und kieselhaltige Böden;
- auf kalkhaltigen Böden gedeihen Mohn, Kornblumen, Weißklee, Ackersenf, Hasenklee, Holunder und Borretsch.

❧

Bekämpfung von Lauchmotten

Lauchmotten lassen sich mit Rainfarnbrühe in Schach halten. Lassen Sie 1 Kilogramm zerkleinerte Rainfarnblätter mit 10 Liter kaltem Wasser einen Tag lang ziehen (kein Metallgefäß zum Ansetzen verwenden) und danach eine halbe Stunde kochen. Besprühen Sie die Pflanzen mit der unverdünnten Brühe.

❧

Bepflanzen statt Mähen

Haben Sie schwer zugängliche Stellen in Ihrem Garten? Dann pflanzen Sie dort Stauden und kleine Sträucher an. Damit bereichern Sie nicht nur die Landschaft, sondern schonen auch Ihren Rasenmäher und Ihre Kräfte.

❧

Prachtvolle Artischocken

Mit einem einzigen Zündholz werden Artischocken prächtiger denn je. Stecken Sie ein Zündholz durch den Stengel, genau unterhalb der Frucht, sobald sie anfängt zu wachsen. Die Artischocke wächst dann nicht in die Höhe, sondern wird voller.

Bleichen von Sellerie

Hierzu werden die völlig trockenen Blätter Mitte Juli zu einer konischen Form zusammengebunden. Entfernen Sie beschädigte Blätter; umgeben Sie die restlichen Blätter mit schwarzem Karton, sodass die Spitzen herausragen, und binden Sie alles zusammen. Ziehen Sie den Karton vorsichtig nach unten, um den Bleichprozess zu kontrollieren.

Feuchtigkeitsliebende Iris

Bilden sich in Ihrem Garten nach Regenfällen mancherorts Pfützen? Dann sollten Sie dort Iris anpflanzen, denn diese reizvollen Pflanzen lieben Feuchtigkeit und entwässern den Boden.

Farbenprächtige Rosen

Vergraben Sie in der Erde unter Ihren Rosenstöcken Bananenschalen, dennn sie enthalten viel Stickstoff. Sie wirken wie ein Dünger und garantieren eine üppige farbenfrohe Blütenpracht.

Zu große Einlegegurken

Werfen Sie Ihre kleinen Einlegegurken nicht weg, wenn sie während des Urlaubs zu groß geworden sind. Mit Sahne zubereitet, schmecken Sie ebenso köstlich wie herkömmliche Gurken.

Töpfe

Unterziehen Sie Terrakottatöpfe vor dem Kauf einer kurzen Prüfung. Schlecht gebrannte Töpfe können zerbrechlich sein. Halten Sie Ausschau nach Sprüngen. Schnippen Sie dann mit dem Finger ins Topfinnere. Ein klarer Ton sollte zu hören sein.

Naturprodukte für den Garten ...

... Kartoffelkochwasser als Herbizid

Schütten Sie Kartoffelkochwasser nicht weg, sondern auf unkrautbewachsene Wege in Ihrem Garten. Es enthält reichlich Herbizide und hält Unkräuter in Schach.

❧

... Rhabarber als Insektizid

Stechende und saugende Insekten mögen keinen Rhabarber. Verwenden Sie den Saft als Insektizid. Etwa ein Dutzend Blätter 24 Stunden lang in 2 Litern Wasser einweichen. Das Wasser abseihen und in eine Spritzflasche füllen.

❧

... Asche als Insektizid

Asche ist ein guter Dünger und wehrt außerdem Motten sowie Schnecken wirkungsvoll ab. Bringen Sie vor der Aussaat etwas Asche pro Quadratmeter aus, wenn Sie den Boden bearbeiten.

❧

... nützliches Nikotin

Nikotin ist für den Menschen zwar schädlich, aber für Topfpflanzen sehr nützlich. Vermischen Sie die Pflanzerde mit Zigarettenasche. Beim Gießen gelangt das Nikotin in die Pflanzen und verhindert Insektenbefall.

… Knoblauch als Fungizid

Eine Knoblauchmischung hilft gegen Pilze, die unter Bäumen wachsen und diese schädigen. Eine zerdrückte Knoblauchzehe 24 Stunden lang in Olivenöl ziehen lassen. Einen halben Liter Wasser und einige Tropfen Spülmittel hinzufügen. Die Mischung gut schütteln und in einem luftdichten Gefäß kalt aufbewahren. Vor dem Sprühen mit Wasser verdünnen.

Bestäubung

Sie erhalten eine reiche Obsternte, wenn Sie Bienen anlocken, die Pollen von einem Baum zum nächsten tragen. Stellen Sie mehrere frühblühende Zweige in wassergefüllten Gefäßen an verschiedenen Stellen im Obstgarten auf. Die Bienen werden bei Sonnenschein angelockt und besuchen auch die ersten Obstblüten. Je nach Blühdauer werden sie einige Tage verweilen.

❧

Pflanzen kombinieren

Kombinieren Sie Pflanzen so, dass sie voneinander profitieren. In Gesellschaft von Kohl kommt Gemüsepflanzen der Stickstoffe zugute, den dieser aus der Luft aufnimmt. Knoblauch verhindert bei Pfirsichbäumen das Auftreten der Blattkräuselkrankheit. Ringelblumen schützen Tomaten, Karotten und Kohl vor Befall mit diversen Insekten. Schnittlauch unter Rosenstöcken verhindert Mehltau und schwarze Flecken auf den Blüten.

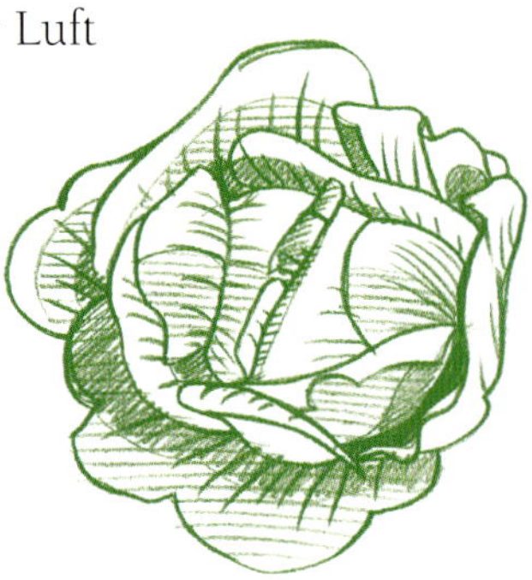

❧

Beschädigte Bäume

Abgeknickte Zweige oder beschädigte Rinde müssen nicht in jedem Fall mit Teer versiegelt werden. Bestreichen Sie die Schadstellen mit geschmolzenem Wachs. Die Rinde regeneriert sich fast so, als hätte der Baum sein eigenes Harz abgesondert.

❧

Blumenzwiebeln schützen

Schützen Sie Blumenzwiebeln im Winter vor Mäusen oder Katzen, indem Sie eine dicke Schicht mit dornenartigen Blättern darauf häufeln. Nach dem ersten Stich sind die Tiere gewarnt.

Vorbereitung der Pflanzen

Am einfachsten geht es, wenn Sie die Pflanzen direkt in einen Sack mit Komposterde aussäen. Hierzu den Sack flach hinlegen, der Länge nach aufschneiden und die Schnittkanten auseinanderziehen. Löcher in die Erde drücken, die Samen einzeln hineinlegen und vorsichtig gießen. Sie müssen die gekeimten Pflänzchen dann nur noch herausheben. Die Komposterde ist wieder verwendbar.

❧

Brennnessel-Verletzungen

Nach dem Kontakt mit Brennnesseln wird oft empfohlen, die vernesselte Haut mit drei verschiedenen Kräutern einzureiben. Aber nicht jedes Kraut ist geeignet. Reiben Sie die juckenden Hautstellen mit Gundermann, Wegerich oder Sauerampfer ein. Zur Schmerzlinderung genügt bereits eines dieser Kräuter.

❧

Schneckenabwehr

Lösen Sie zur Schneckenabwehr 100 Gramm Kupfersulfat in 10 Liter Wasser auf. Besprühen Sie Ihre Salatpflanzen jeden Abend mit dieser Mischung. Beenden Sie diese Behandlung zwei bis drei Tage vor der Ernte und waschen Sie den Salat gründlich.

❧

Nette Kröten

Freuen Sie sich über Krötenbesuch in Ihrem Garten. Kröten haben eine Schwäche für Schnecken und beseitigen diese „Salatkiller“ wirkungsvoll.

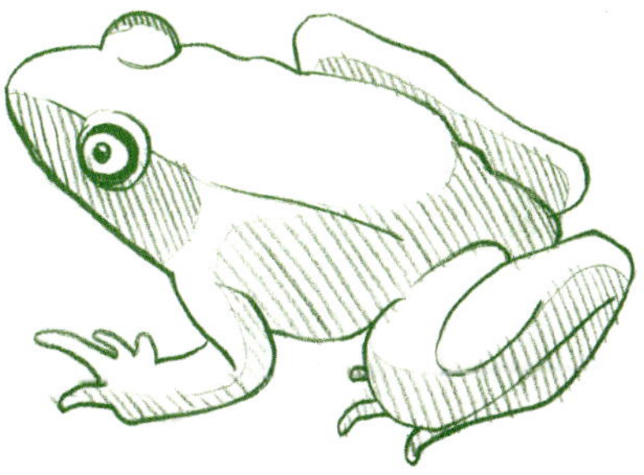

Kaffeesatz

... zum Mulchen

Auf tonhaltigen Böden ausgebracht, reguliert Kaffeesatz die Feuchtigkeit und saugt Wasser wie ein Schwamm auf. Nach ergiebigen Regenfällen verhindert Kaffeesatz vorzeitiges Abfließen und hält das Wasser zurück. Bei Hitze wirkt er wie eine Mulchschicht, unterbindet die Wasserverdunstung und gibt das Wasser langsam wieder ab.

❧

... zum Aussäen

Das Säen von Petersilie ist eine heikle Sache. Es gelingt besser, wenn Sie die Samen mit Kaffeesatz vermischen. Die Samen lassen sich auf diese Weise leichter verteilen. Diese Methode kann bei allen Pflanzen mit sehr kleinen Samen verwendet werden.

❧

... im Kompost

Werfen Sie gebrauchte Kaffefiltertüten nicht in den Mülleimer, sondern auf den Komposthaufen. Chlorhaltige Filtertüten sind ungeeignet, da sie die Pflanzen schädigen. Geben Sie in diesem Fall nur den Kaffeesatz auf den Komposthaufen.

❧

... als Insektizid

Getrockneter, in den Saatreihen ausgebrachter Kaffeesatz hilft gegen Karotten- und Zwiebelfliegen. Außerdem versorgt er die Pflanzen während des Wachstums mit beträchtlichen Mengen an Mineralstoffen.

❧

... als Farbverstärker

Verteilen Sie regelmäßig Kaffeesatz unter sämtlichen Hortensien in Ihrem Garten. Die freigesetzten Mineralstoffe verleihen den Pflanzen eine schöne blaue Färbung.

Blumenzwiebeln

Es ist ärgerlich, wenn man Blumenzwiebeln beim Umgraben ausgräbt oder beschädigt. Fotografieren Sie im Frühjahr die blühenden Beete, und Sie können im nächsten Jahr erkennen, wo die Blumenzwiebeln vergraben sind.

❧

Schattiger Salat

Pflanzen Sie Salat zwischen zwei Reihen mit Tomaten. Der Salat gedeiht im Schatten der hochgewachsenen Tomaten besser als an ungeschützten Stellen.

❧

Pflöcke

Verwenden Sie längere Äste von beschnittenen Bäumen und Sträuchern als Pflöcke. Der Garten sieht dadurch auch reizvoller aus.

❧

Knochen- und Getreidemehl

Nehmen Sie Getreidemehl, wenn Sie kein Knochenmehl zur Hand haben. Beide Mehle haben nahezu identische Eigenschaften. Geben Sie das Mehl in die Pflanzlöcher für die Pflanzen oder Ableger.

❧

Ästesammlung

Schnittabfälle nach dem Heckenschnitt lassen sich leicht und bequem einsammeln, wenn Sie zuvor eine alte Decke auf dem Boden ausbreiten.

Schwere Pflanzen

Es ist sehr mühsam, schwere Topfpflanzen nach dem Gießen hochzuheben, um die Untersetzer zu entleeren. Kräfteschonender geht es, wenn Sie das Wasser mit einer Spritze abziehen.

❧

Mehrjährige Samen

Sammeln Sie die Samen mehrjähriger Stauden für die Neuaussaat. Hierzu die verblühten Blüten abschneiden, auf Küchenpapier trocknen und alle kleinen Samen daraus entfernen.

❧

Schnelleres Keimen

Samen keimen schneller, wenn die Anzuchtschale auf einem Heizkörper oder einer anderen Wärmequelle steht.

❧

Schnittlauch gegen Raupen

„Raupenangriffe“ haben ein Ende, wenn Sie Schnittlauch um die befallenen Bäume herum pflanzen. Gleichzeitig können Sie den Schnittlauch für Salat- und sonstige Saucen verwenden.

❧

Rosenstöcke

Sind Ihre Rosen blass und unauffällig? Dann behandeln Sie sie mit einer Mischung aus einem Esslöffel Milch, einem Esslöffel Weinessig und einem Liter Wasser. Diese biologische Mixtur beschert Ihnen duftende, üppig blühende Rosen.

Küche

Unsere Großmütter sind für ihre Küchenkünste bekannt. Sie bringen jeden Kuchen zum Aufgehen, können köstliche Saucen aus einfachen Zutaten zaubern und alles retten, sogar ranzige Butter. Natürlich geben sie ihre Tricks nur ungern preis, denn sie sind wohlgehütete Familiengeheimnisse. Wenn man Ihnen aber beim konzentrierten Arbeiten über die Schulter schaut, kann man dennoch einige tolle Tipps herausbekommen.

Kochen bei niedriger Temperatur

Hähnchengerichte werden aromatisch und zart, wenn man sie bei niedriger Temperatur gart. Legen Sie das Fleisch bei 80 °C in eine aromatische Fleischbrühe. Pro 100 g Fleisch werden 10 Minuten Garzeit berechnet. Das Fleisch herausnehmen, in Alufolie wickeln und 10 Minuten ruhen lassen. Danach können Sie das weiche, saftige Gericht servieren.

❧

Trocknen von Pilzen

Beachten Sie beim Trocknen von Pilzen folgende Tricks: Pilze nur bei trockenem Wetter sammeln, da Feuchtigkeit den Verderb fördert. Danach in dünne Streifen schneiden, diese auf einer Schnur auffädeln und an einem warmen, trockenen Ort aufhängen. Die Pilze in einem luftdichten Behälter trocken lagern.

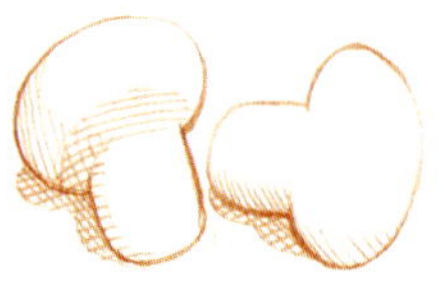

❧

Entschuppen von Fischen

Kleine Fische lassen sich leichter entschuppen wenn sie noch nicht ausgenommen wurden, da sie dann fester sind. Den Fisch beidseitig salzen und eine Minute warten. Die Schuppen stellen sich auf und können unter fließendem Wasser besser mit dem Messer entfernt werden. Arbeiten Sie vom Schwanz in Richtung Kopf.

❧

Saucengrundlage

Saft von Frikassee ist eine hervorragende Grundlage für eine Pilzsauce. Die Pilze in dünne Streifen schneiden, anbraten und bei Bedarf den austretenden Saft in eine Tasse abgießen. Sie können ihn zum Abschmecken anderer Gerichte verwenden.

Saurer Rhabarber

Der Oxalsäuregehalt des Rhabarbers lässt sich verringern, wenn Sie ihn gründlich schälen. Auch durch Blanchieren kann man eine Menge herauslösen. Das Kochwasser anschließend wegschütten. Die Rhabarberblätter dürfen keinesfalls verzehrt werden, denn sie sind giftig!

❧

Gräten und Knochen

Werfen Sie Gräten und Knochen nicht weg, sondern kochen Sie diese 1 bis 2 Stunden. Dabei den Schaum regelmäßig entfernen. Die Brühe durch ein Sieb gießen und im Kühlschrank aufbewahren oder einfrieren. Sie eignet sich als Grundlage für Nudelgerichte.

❧

Korken

Naturkorken sollte man immer aufheben, sie lassen sich z.B. auch in der Küche vielfältig verwenden. Einige Korkenhälften in der Obstschale halten kleine Fruchtfliegen fern und verlängern die Haltbarkeit der Früchte. Oder fügen Sie die Korken dem Kochwasser von Tintenfisch oder Gartenbohnen bei. Der Fisch wird dadurch weicher, und die Bohnen platzen nicht auf.

❧

Verzögertes Auskeimen

Es gibt einige Tricks, um ein zu schnelles Auskeimen von Zwiebeln, Knoblauch, Schalotten und Kartoffeln zu verhindern. Versengen Sie den Wurzelbereich der Zwiebeln mit einem Streichholz. Lagern Sie Knoblauch und Schalotten, mit den Wurzeln nach unten, in einer 1 cm dicken Schicht aus grobkörnigem Salz. Bestreuen Sie Kartoffeln mit fein gestampfter Holzkohle.

… frische Eier?

Man erkennt den Frischegrad von Eiern, wenn man sie in kaltes Wasser legt. Sehr frische Eier bleiben auf dem Boden waagrecht liegen. Je älter die Eier sind, desto steiler richten sie sich mit der abgerundeten Seite nach oben auf.

Eier...

... gesprungen

Was tun, wenn alle Eier gesprungen sind? Reiben Sie die Schale vor dem Kochen mit einer Zitronenhälfte ein. Der Zitronensaft verhindert, dass das Eiweiß austritt.

❧

... hart

Eier platzen während des Kochens nicht auf, wenn Sie dem Wasser einige gebrauchte Streichhölzer oder ein paar Tropfen Essig zufügen.

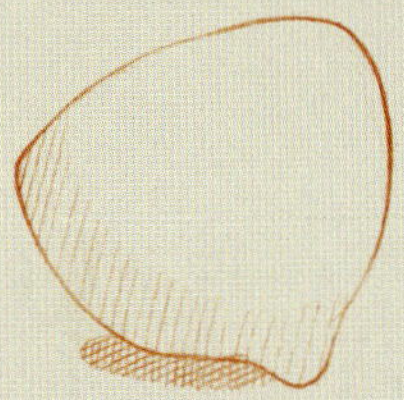

❧

... pochiert

Pochierte Eier gelingen perfekt, wenn Sie dem Kochwasser einen Löffel Essig zufügen. Das Eiweiß ist „allergisch" gegen Essig und sammelt sich um das Eigelb herum an. Achtung: Stellen Sie eine niedrige Temperatur ein, damit das Wasser nicht überkocht.

❧

... roh oder gekocht?

Sie haben versehentlich frische und hart gekochte Eier im Kühlschrank vermischt? Mit einem einfachen Trick können Sie die gekochten Eier herausfinden, ohne jedes Ei aufzubrechen: Drehen Sie die Eier auf einem Teller. Gekochte Eier drehen sich schnell und lange, während frische Eier schlecht und langsam rotieren.

Sicherer Gefrierschrank

Es ist sehr gefährlich, wenn der Strom des Gefrierschranks unbemerkt ausfällt, da aufgetaute und wieder eingefrorene Lebensmittel verkeimt sind. Wenden Sie vor dem Urlaub folgenden Trick an: Frieren Sie eine zur Hälfte gefüllte Wasserflasche aufrecht stehend ein. Drehen Sie die Flasche mit dem gefrorenen Inhalt um. Einen Stromausfall während Ihres Urlaubs erkennen Sie daran, dass sich das Eis nach Ihrer Rückkehr im Flaschenhals befindet.

❧

Haltbares Eis

Keine geschmolzenen Eiswürfel mehr, wenn man sie braucht! Eiswürfel halten länger, wenn man sie in eine Schüssel mit Mineralwasser legt. Sie schmelzen dann langsamer als bei Raumtemperatur.

❧

Eiweiß

Wie bekommt man eine trübe Fleischbrühe oder verunreinigtes Frittierfett wieder klar? Fügen Sie der Brühe oder dem Fett rohes Eiweiß zu. Beim Aufkochen bindet das Eiweiß sämtliche Verunreinigungen und andere Schwebeteile. Entfernen Sie das gekochte Eiweiß mit einem Schöpflöffel. Die Brühe und das Frittierfett sehen danach wieder ansehnlich aus.

❧

Entsalzen von Stockfisch

Legen Sie den Stockfisch in ein Sieb, und tauchen Sie das Ganze in ein Gefäß mit warmem Wasser. Die Hautseite sollte nach oben zeigen. Das Salz setzt sich auf dem Gefäßboden ab. Wechseln Sie das Wasser zum vollständigen Entsalzen dreimal, und wässern Sie den Fisch jeweils 4 Stunden lang.

Gebäck

Der klassische Biskuitteig besteht nur aus Eiern, Zucker und Mehl. Die zarte Masse darf nach der Zubereitung nicht mehr lange stehen bleiben, sondern muss sofort in den vorgeheizten Backofen geschoben und gebacken werden. Durch längeres Stehen kann der Teig zusammenfallen und an Lockerheit verlieren.

Geklärte Butter

Geklärte Butter wird beim Kochen nicht mehr braun. Erhitzen Sie hierzu die Butter, bis sie vollständig geschmolzen ist. Schöpfen Sie den Schaum vorsichtig ab und entfernen Sie die fettige Oberschicht mit einem Schöpflöffel. Nach dem Abkühlen bewahren Sie die Butter im Kühlschrank auf.

Pellen hart gekochter Eier

Das Pellen geht schneller, wenn Sie das Ei am spitzen Ende aufschlagen. Die restliche Schale lässt sich dann ganz einfach entfernen.

Zitronen auspressen

Zitronen unter heißes Wasser halten und auf einer festen Unterlage mit leichtem Druck hin- und herrollen. Dadurch wird die Schale weicher, und die Zitronen lassen sich besser auspressen.

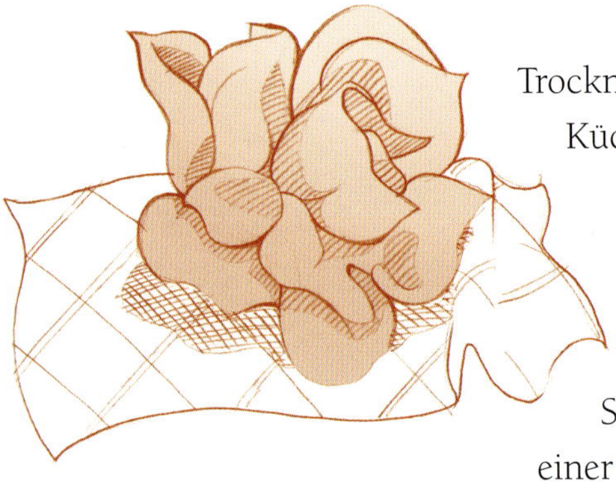

Salatschleuder

Trocknen Sie Salat ohne Salatschleuder, indem Sie ihn in ein Küchenhandtuch legen und kräftig ausschütteln.

Knoblauch-Pommes-frites

Stechen Sie eine oder zwei Knoblauchzehen mehrmals mit einer Gabel an, und fügen Sie diese dem Frititerfett zum „Aromatisieren“ bei.

Leckere Schokolade

Kaffee verleiht heißer Schokolade und anderen Kakaodesserts ein besonderes Aroma. Fügen Sie dem Kakaopulver vor dem Verrühren mit Milch bzw. der geschmolzenen Schokolade einen Löffel Kaffeepulver bei.

Milch…

… und Fisch

Wenn Sie Milch anstelle von Wasser zum Pochieren verwenden, bekommen Weißfische eine makellose, appetitlich weiße Farbe.

❧

… und Blutwurst

Wenn Sie Blutwurst vor dem Kochen in warme Milch einlegen, platzt sie beim Kochen nicht auf. Sie können sie auch in Alufolie wickeln und grillen.

❧

… und Pommes frites

Wenn Sie die Kartoffelschnitze vor dem Frittieren für etwa 20 Minuten in Milch einlegen, werden die Pommes frites weniger fettig. Die Kartoffeln können dann weniger Fett aufnehmen.

❧

… Kochen ohne Bodensatz

Milch hinterlässt in Töpfen nach dem Kochen oft einen hartnäckigen Bodensatz. Wenn Sie die Milch in einen tropfnassen Topf gießen und anschließend aufkochen, hängt sie nicht mehr am Boden an.

❧

… Überkochen

Milch kocht nicht mehr über, wenn Sie einen Löffel in den Topf legen. Überkochen lässt sich auch verhindern, wenn Sie die Topfränder mit einer fettigen Substanz, zum Beispiel mit Butter oder Öl, bestreichen.

Tomaten schälen

Es gibt zwei einfache Tricks beim Schälen von Tomaten. Legen Sie die Tomaten 10 bis 20 Sekunden in kochendes Wasser, bis die Haut aufgeplatzt ist. Gießen Sie das Wasser ab (oder heben Sie die Tomaten mit einem Schöpflöffel heraus) und ziehen Sie die Schale entlang der Risse mit einem Messer ab. Schneller geht es, wenn Sie die Tomaten auf eine Gabel aufspießen und über einen angezündeten Brenner halten. Entfernen Sie danach auf die gleiche Weise die aufgeplatzte Schale.

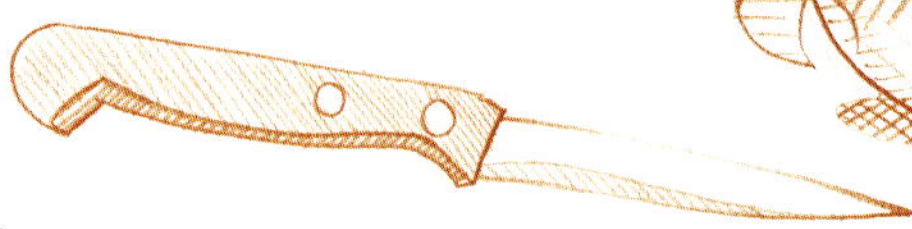

Zähe Steaks

Selbst Fleisch, das zäh wie Leder ist, kann mit der folgenden Maßnahme noch gerettet werden. Die Steaks auf beiden Seiten mit Öl bestreichen und bei Raumtemperatur eine Stunde lang ziehen lassen. Dadurch wird das Fleisch ein wenig zarter.

Schmackhafter Reis

Reis wird schmackhafter, wenn Sie ihn anstelle von Wasser in Fleisch- oder Gemüsebrühe kochen. Kochen Sie für Reisgerichte den Reis nicht getrennt, sondern fügen Sie ihn zum Beispiel der Füllung für Tomaten bei, bevor Sie das Gericht in den Herd stellen.

Grillkartoffeln

Häufig sind Grillkartoffeln entweder innen noch roh oder außen bereits verbrannt. Für perfekte Grillkartoffeln gibt es einen einfachen Trick: Stecken Sie einen großen Nagel (natürlich keinen rostigen) in die Kartoffeln und wickeln Sie diese anschließend in Alufolie ein. Auf diese Weise kann sich die Hitze gleichmäßiger verteilen.

Obstkuchen

Rosinen sammeln sich nicht alle an einer Stelle im Kuchen an, wenn man sie zuvor auf ein Backblech streut und mit Puderzucker oder Mehl bestäubt. Sie bleiben im Teig locker verteilt und sinken nicht alle auf den Boden herunter.

❧

Überschäumendes Fett

Fügen Sie dem Fett bei der Zubereitung von Pommes frites oder anderen Gerichten einige Zwiebelstücke zu, damit es nicht überschäumt.

❧

Gefrorene Kräuter

Legen Sie für „schlechte Zeiten" einen Vorrat an gefrorenen Kräutern an. Hierzu verschiedene Kräuter klein schneiden, mit etwas Wasser in einen Eiswürfelbehälter füllen und die Würfel anschließend sortenweise in beschriftete Gefrierbeutel umfüllen. Sie können die Kräuter portionsweise entnehmen und direkt den Speisen zufügen.

❧

Gekühlter Champagner

Champagner kühlt schneller, wenn Sie dem Eis im Sektkübel eine Handvoll grobkörniges Salz zufügen. Das Salz beschleunigt den Wärmeaustausch zwischen dem Wasser im Kübel und dem Inhalt in der Flasche.

❧

Kohlgeruch

Kohl, Brokkoli und Rosenkohl hinterlassen beim Kochen einen unangenehmen Geruch. Dies lässt sich zuverlässig unterbinden, wenn Sie dem Kochwasser ein kleines Glas Milch zufügen.

… Kartoffeln

Lagern Sie Kartoffeln und Äpfel nicht nebeneinander. Die Äpfel geben einen Reifemacher (Äthylen) ab, der die Keimung der Kartoffeln beschleunigt.

Lagerung ...

... Bananen

Bananen reifen langsamer, wenn man sie einzeln in Zeitungspapier wickelt und in einem Obstkorb – niemals im Kühlschrank – lagert.

❧

... Feuchtigkeitsregulierung

Salz, Zucker, Mehl und Ähnliches bleiben trocken, wenn man ihren Behältern die Deckel von Arzneimittelröhrchen beifügt. Sie enthalten eine Substanz, die Feuchtigkeit absorbiert.

❧

... Brot

Brot hält doppelt so lang, wenn man einen Apfel in den Brotbehälter legt. Wechseln Sie den Apfel regelmäßig aus. Andernfalls wird das Brot eher verderben.

❧

... Tomaten

Lagern Sie Tomaten nicht im Kühlschrank, da sie dort ihr Aroma verlieren, sondern mit dem Stielansatz nach unten an einem trockenen, luftigen Ort. Sie können die Tomaten auch in Scheiben schneiden und einfrieren.

❧

... Wein

Haben Sie keinen Weinkeller? Dann lassen Sie die Flaschen in Zeitungspapier eingewickelt in den Kisten. Der Wein sollte so gelagert werden, dass er Kontakt mit dem Korken hat. Lagern Sie den Wein an einem kühlen, erschütterungsfreien Ort.

Kleine Gräten

Geben Sie einige Blätter Sauerampfer in das Kochwasser oder in ein Kräutersträußchen, wenn Sie Fische mit kleinen Gräten zubereiten. Oder füllen Sie Bratfisch zuvor mit diesen aromatischen Blättern. Sie geben eine bestimmte Substanz ab, und die kleinen Gräten sind verschwunden, nachdem der Fisch fertig gegart ist.

❧

Essbare Nüsse

Verdorbene Nüsse lassen sich mit einem einfachen Trick von essbaren unterscheiden, ohne sie zu knacken. Tauchen Sie die Nüsse kurz in kochendes Wasser. Verdorbene Nüsse schwimmen auf der Oberfläche und können ausgesondert werden.

❧

Mehlmilben

Sobald Mehl mit Feuchtigkeit in Berührung kommt, können darin Mehlmilben zum Vorschein kommen. Dies können Sie verhindern, wenn Sie Mehl zusammen mit einigen neuen (!) Nägeln in einem luftdichten Gefäß aufbewahren. Achtung: Die Nägel dürfen keinesfalls rostig werden und das Mehl verunreinigen.

❧

Spritzendes Fett

Wird Ihre Kleidung beim Anbraten immer mit Fett bespritzt? Das Bratfett bleibt in der Pfanne, wenn Sie ein wenig grobkörniges Salz beifügen. Schmecken Sie das Gericht erst ab, bevor Sie weiteres Salz dazugeben.

❧

Schwarze Kartoffeln

Kartoffeln verfärben sich schwarz, wenn sie nach dem Schälen länger liegen bleiben. Dies lässt sich verhindern, wenn Sie die Kartoffeln nach dem Schälen in kaltes Wasser legen.

Nie mehr weinen

Müssen Sie beim Schälen von Zwiebeln oder Schalotten immer weinen? Dies lässt sich mit einem einfachen Trick vermeiden. Die Zwiebeln in eine wassergefüllte Schüssel tauchen und darin schälen. Auf diese Weise kann die reizende Substanz nicht in die Augen gelangen.

❧

Selbst gemachte Butter

Haben Sie reichlich Crème fraîche, aber keine Butter zuhause? Dann füllen Sie die Crème, etwas Eis, einige Tropfen Öl sowie – falls Sie gesalzene Butter mögen – etwas grobkörniges Salz in den Mixer. Alles 5 Minuten mixen, die Mischung abseihen und im Kühlschrank lagern. Voilá: eine weiße, köstlich schmeckende „Notfallbutter".

❧

Perfekte Kuchenstücke

Sie erhalten perfekte Kuchen- oder Pastetenstücke ohne Krümel, wenn Sie das Messer vor dem Schneiden in heißes Wasser tauchen. Die Schnittflächen werden dadurch sauberer und feiner.

❧

Knuspriges Hähnchen

Hähnchen wird knusprig, wenn Sie die Haut vor dem Braten mit Zitronensaft bestreichen. Dadurch können Sie zusätzliches Öl einsparen.

❧

Eiweiß und Eigelb

Haben Sie Probleme beim Trennen von Eiweiß und Eigelb? Schlagen Sie das Ei über einem dünnen Trichter auf. Das Eiweiß läuft durch den Trichter in die darunter stehende Schüssel, während das Eigelb oben bleibt.

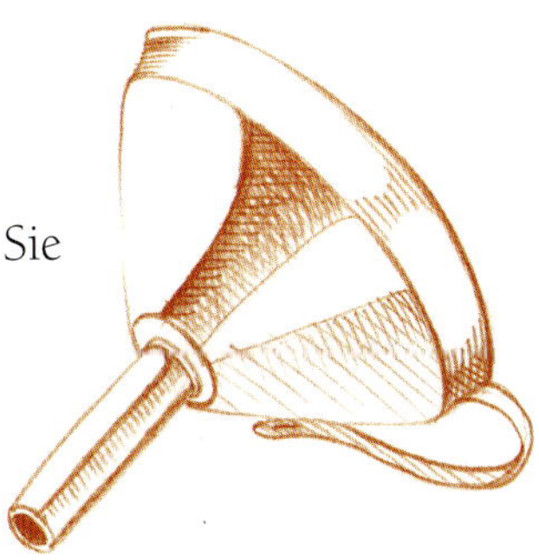

Rettungsmaßnahmen …

… ranzige Butter

Ranzige Butter wird wieder genießbar – wenngleich sie ihr ursprüngliches Aroma nicht wieder völlig zurückerhält –, wenn Sie eine geschälte Karotte hineinstecken und das Ganze 4 Stunden lang in den Kühlschrank stellen.

❧

… versalzene Saucen

Sie können versalzene Suppen oder Saucen mit folgendem Trick retten: Erhitzen Sie die Flüssigkeit und fügen Sie eine Apfelhälfte bei. Dadurch wird das überschüssige Salz aufgesaugt.

❧

… Mayonnaise

Ist Ihre Mayonnaise misslungen? Sie können sie wie folgt retten: Zwei Esslöffel Essig in eine Schüssel geben, erwärmen und kräftig mit der Mayonnaise verquirlen.

❧

… welker Salat

Welker Salat lässt sich relativ einfach auffrischen: Legen Sie die Salatblätter ein paar Minuten in lauwarmes Wasser. Dabei saugen sich die Zellen wieder mit Wasser voll, und der Salat wird knackig.

… korkiger Geschmack

Kein Grund zur Panik, wenn Wein nach dem Öffnen leicht korkig riecht. Etwas Essig in eine Karaffe gießen, gut schütteln und wieder ausgießen. Den korkigen Wein einfüllen und 3 Stunden ruhen lassen. Der Korkgeschmack sollte danach verschwunden sein.

Haustiere

Was ist für unsere Haustiere wichtig? Ein weicher Platz zum Kuscheln, gutes Futter im Bauch, Gesundheit und natürlich viel Spielzeug. Das geben wir ihnen gerne, sofern sie nicht alles in Aufruhr versetzen und durch die Blumenbeete trampeln. Nachfolgend finden Sie Tricks, die ein fried- und freudvolles Zusammenleben mit Katzen, Hunden, Hühnern, Kanarienvögeln und Kaninchen garantieren.

Vogeltränke

Einen Topfuntersetzer dünn mit Fliesenkleber bestreichen und eng nebeneinander flache Steine in den feuchten Kleber drücken. Den Fliesenkleber vollständig trocknen lassen. Anschließend Fugenmasse in die Zwischenräume zwischen den Steinen streichen – schon ist die Vogeltränke „Marke Eigenbau" fertig. Die Vogeltränke auf einem glatten Pfosten so weit vom Boden weg montieren, dass Katzen nicht hochklettern können. Es gibt auch hängende Vogeltränken, die an einem Seil oder einer Kette von einem Dach oder Ast herunterhängen.

❧

Glänzendes Fell

Hat Ihre Katze oder Ihr Hund stumpfes Fell? Das Fell wird wieder weich und glänzend, wenn Sie ein wenig Speiseöl unter das Futter mischen.

❧

Nester

Locken Sie Vögel mit natürlichen Nestern an. Zerteilen Sie einen Eichenklotz zu etwa zwei Dritteln. Höhlen Sie die beiden Teile aus, ohne sie durchzuschneiden. Bohren Sie als Nesteingang eine Öffnung in den kürzeren Abschnittt. Befestigen Sie die beiden Teile mit einem Scharnier, und platzieren Sie das Nest an einem Baumast.

❧

Wunde Füße

Dagegen hilft bei Schafen folgender Trick: Kupfersulfatlösung in einen Kindergummistiefel füllen. Das verletzte Tier an einem Pflock festbinden, den wunden Fuß in den Stiefel stecken und 15 Minuten darin stehen lassen. Dadurch wird der Fuß desinfiziert.

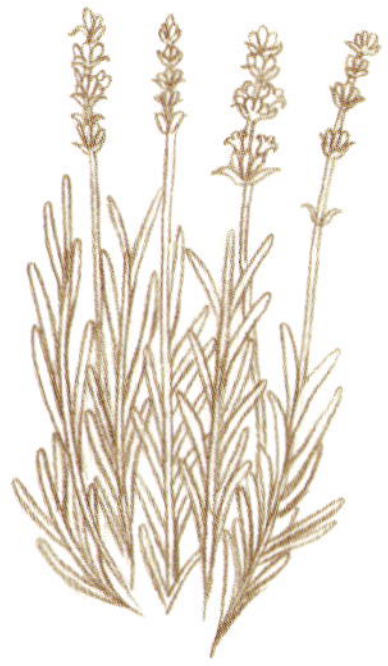

Flöhe

Wenn sich Katzen oder Hunde trotz umgelegtem Flohhalsband ständig kratzen, kann Lavendel helfen. Beträufeln Sie das Fell der Tiere beim Bürsten mit einigen Tropfen Lavendelöl. Flöhe werden durch diesen Geruch abgewehrt.

❧

Nagende Welpen

Junge Hunde nagen überall und an allem, am liebsten an harten Gegenständen wie etwa Holzmöbeln. Reiben Sie die Füße oder Unterseiten der betroffenen Möbel mit einer „hundeabwehrenden" Substanz ein. Vermischen Sie Pfeffer und andere kräftige Gewürze mit etwas Wasser, und tragen Sie diese Lösung mit einem Lappen auf. Bieten Sie dem Tier auch Knabbereien wie z.B. Stücke getrockneter Rinderhaut.

❧

Winseln

Winselt Ihr junger Hund ständig? Vermutlich vermisst er die Wärme seiner Mutter und Geschwister. Legen Sie als Ersatz eine elektrische Heizdecke oder eine Wärmflasche in seinen Korb. Der kleine Welpe wird sich dann getröstet hineinlegen und nicht mehr winseln.

❧

Behagliche Körbe

Werfen Sie alte Kopfkissen und Handtücher nicht weg. Nähen Sie aus alten Handtüchern einen Kissenbezug, und legen Sie die neue Decke in den Katzen- oder Hundekorb. Ihre Lieblinge werden das gemütliche Lager zu schätzen wissen.

Im Hühnerstall …

… schuppige Füße

Im Hühnerstall gibt es viele Parasiten. Hühner sind besonders anfällig für schuppige Füße und Beine, die durch kleine Milben verursacht werden. Stellen Sie eine Lösung aus Speiseöl und Schwefelpulver (im Verhältnis 1:1) her, und tragen Sie diese täglich auf die betroffenen Stellen auf.

… Futterautomat

Ein Futterautomat kann während Ihrer Abwesenheit das Füttern der Hühner übernehmen. Hierzu brauchen Sie einen großen Behälter und eine gefurchte Röhre. Bringen Sie am Behälterboden ein Loch in der Größe des Röhrendurchmessers an und stecken Sie die Röhre hinein. Arretieren Sie die Röhre mit einer Klemme, sodass sie beim Anheben des Behälters herunterbaumelt. Hängen Sie den Futterautomat so auf, dass sich das Röhrenende 3 bis 4 cm über einer Futterschale befindet. Füllen Sie Futter in den Automaten.
Das Futter fließt langsam in die darunter befindliche Futterschale, und das gefressene Futter wird ständig ersetzt.

… Austernschalen

Es ist ein alter Trick, den Hühnern Austernschalen zu geben, damit ihre Eier härtere Schalen bekommen. Zerschlagen Sie Austernschalen mit einem Hammer in sehr kleine Stücke und verstreuen Sie diese im Hühnerstall.

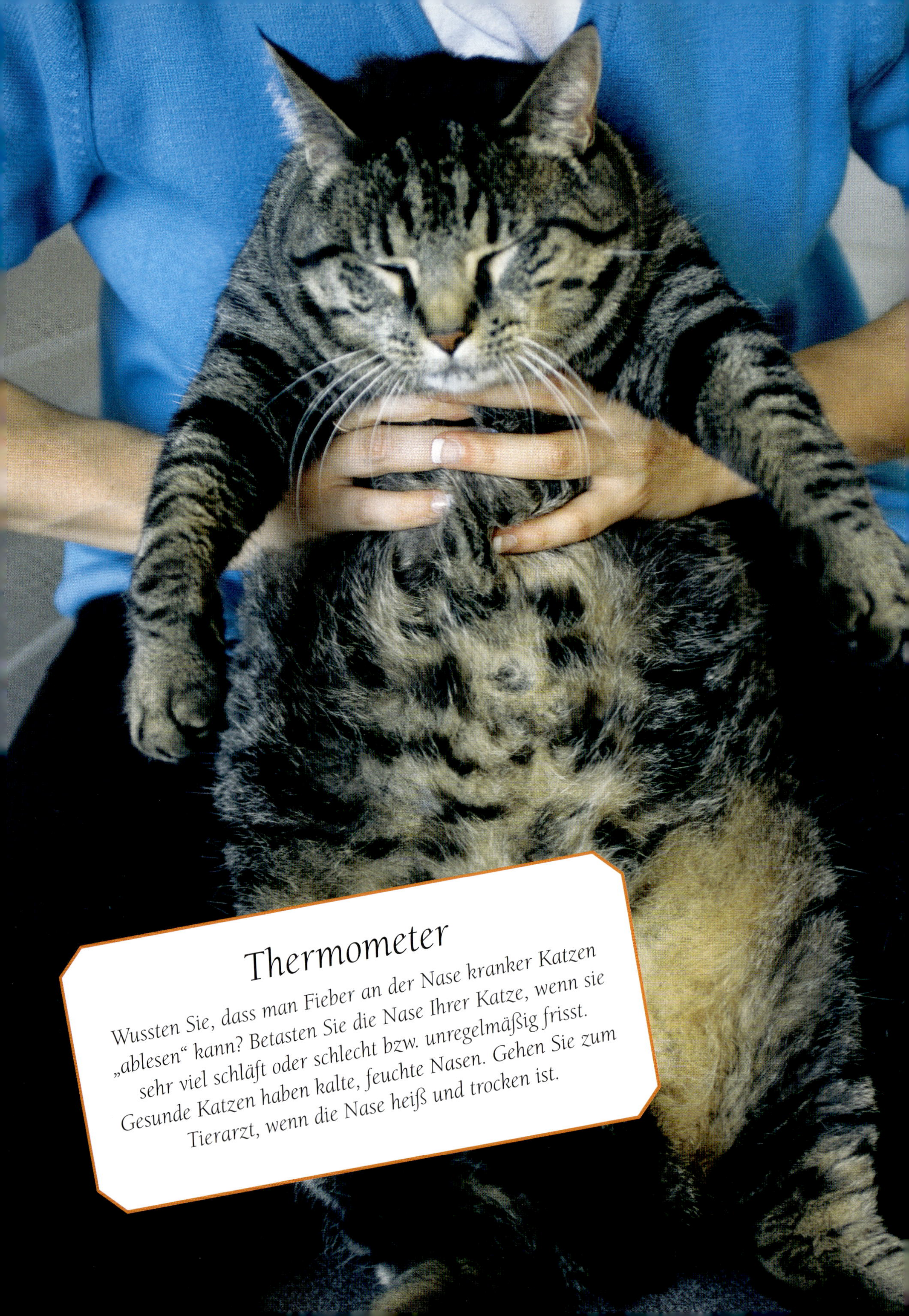

Thermometer

Wussten Sie, dass man Fieber an der Nase kranker Katzen „ablesen“ kann? Betasten Sie die Nase Ihrer Katze, wenn sie sehr viel schläft oder schlecht bzw. unregelmäßig frisst. Gesunde Katzen haben kalte, feuchte Nasen. Gehen Sie zum Tierarzt, wenn die Nase heiß und trocken ist.

Empfindliche Katzennasen

Waschen Sie die Katzentoilette nur mit heißem Wasser aus. Verwenden Sie niemals Reinigungs- oder Desinfektionsmittel. Das stört die Geruchsorientierung der Katze und könnte dazu führen, dass die Toilette abgelehnt wird.

❧

Katzeninstinkt

Bestrafen Sie Ihre Katze nicht, wenn sie tote Ratten oder Mäuse nach Hause bringt. Die richtige Reaktion besteht darin, die Katze für das großzügige „Geschenk" zu loben, es ihr mit vielen Streicheleinheiten abzunehmen und möglichst rasch verschwinden zu lassen.

❧

Haarballen

Langhaarige Katzen, vor allem Perserkatzen, würgen häufig zusammengeballte Haare hervor, die bei der Fellpflege aufgenommen werden. Bürsten Sie diese Katzen täglich.

❧

Katzengras

Reine Wohnungskatzen brauchen einen Topf mit angesätem Gras, um ihre Haarballen loszuwerden. Andernfalls knabbern sie Zimmerpflanzen an. Das Gras hat nicht nur die Funktion eines natürlichen Brechmittels, sondern liefert auch Folsäure, die die Tiere in geringen Mengen benötigen.

Neuankömmling

Setzen Sie einen neuen Fisch nicht sofort zu seinen künftigen Gefährten in das Aquarium ein. Stechen Sie ein paar Löcher in den Beutel und tauchen Sie diesen mitsamt Fisch unter Wasser. Der Fisch kann sich langsam an das Wasser im Aquarium gewöhnen, und die anderen Fische können den Neuankömmling erst einmal „beschnuppern".

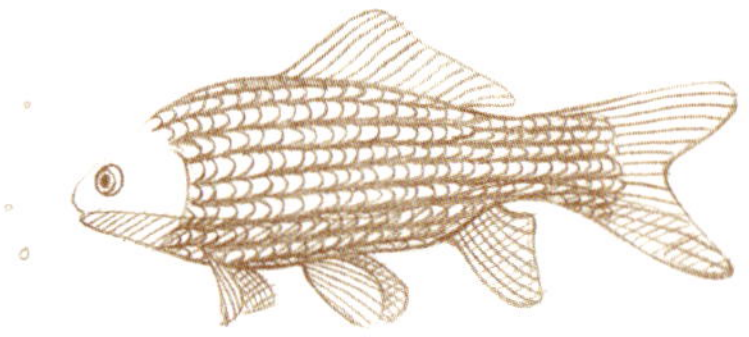

Urinflecken

Uriniert Ihr junges Haustier noch auf Teppiche und Decken? Wenn Sie die Flecken gründlich mit kohlensäurehaltigem Wasser auswaschen, bleiben weder Ränder noch Gerüche zurück.

Katzentoilette

Legen Sie nach dem Reinigen einige Lagen Zeitungspapier auf den Boden der Katzentoilette. Es bindet wirkungsvoll Urin und Gerüche; außerdem lässt sich die Katzenstreu leichter austauschen.

Zerrissene Müllbeutel

Katzen und Hunde kann man von den Blumenbeeten fernhalten, aber wie gelingt das bei Müllbeuteln? Am besten sind die Beutel natürlich in einem Mülleimer verstaut; Sie können aber auch Eimer und Beutel mit einem Abwehrmittel besprühen. Hierfür eignen sich Tabasco, Pfeffer oder Fensterreiniger.

Löcher im Garten

Hunde graben gern im Garten Löcher, außer an Stellen, an denen sie ihr Geschäft verrichtet haben. Schlagen Sie Ihren Hund mit seinen eigenen Waffen: Er wird die Löcher meiden, wenn sie seinen eigenen Kot hineinlegen.

Darmwürmer

Hunde sind leider häufig von Würmern befallen. Versuchen Sie es einmal mit Essig anstelle von chemischen Entwurmungsmitteln. Ihr Hund wird die lästigen Parasiten wieder los, wenn Sie dem Trinkwasser eine Woche lang 1 oder 2 Löffel Essig beifügen.

Eierschalen

Füttern Sie die Vögel in Ihrem Garten mit Eierschalen. Legen Sie die getrockneten Schalen in die Nähe des anderen Vogelfutters. Dadurch wird die aufgenommene Nahrung besser zerkleinert und die Verdauung gefördert.

Haarige Teppiche

Die Katze ist zwar nach ihrer Katzenwäsche sauber, dafür befinden sich ihre Haare überall auf dem Teppich. Sie lassen sich wirkungsvoll und gründlich beseitigen. Reiben Sie den Teppich mit einem großen, feuchten Schwamm mit kleiner werdenden kreisförmigen Bewegungen ein. Der in der Mitte entstehende Haarballen lässt sich leicht entfernen.

Bindehautentzündung

Katzen sind häufig von Bindehautentzündungen betroffen. Symptome sind Rötung, gelblicher Augenausfluss und starker Juckreiz. Gehen Sie sofort mit Ihrer Katze zum Tierarzt. Zur Linderung können Sie Ihrer Katze abends Kamillenkompressen auf die Augen legen.

Katzen und Tabletten

Nutzen Sie das Reinlichkeitsbedürfnis Ihrer Katze, um ihr Medikamente zu verabreichen. Legen Sie die Tablette auf den Zungengrund und reiben Sie sofort danach ihre Nase. Sie wird ihre Zunge herausstrecken, um sich zu putzen, und dabei die Tablette unbemerkt herunterschlucken.

❧

Unerwünschtes Hundefutter

Es kommt häufig vor, dass Hunde ihr Futter nicht völlig auffressen und einen Rest übrig lassen. Lassen Sie das restliche Futter nicht in der Wärme stehen, da es sonst verdirbt und unansehnlich wird. Stellen Sie es in den Kühlschrank und vermischen Sie es bei der nächsten Fütterung mit frischem Futter.

❧

Katzen und flüssige Arzneimittel

Katzen mögen weder Tabletten noch flüssige Arzneimittel einnehmen. Es gelingt aber mit einem „Täuschungsmanöver". Verdünnen Sie die Arznei mit etwas Wasser und tauchen Sie die Pfote in die Lösung. Die Katze wird sofort Ihre „schmutzige" Pfote ablecken und das Mittel unbemerkt aufnehmen.

❧

Zerkratzte Tapeten

Katzen finden nichts dabei, an der Tapete zu kratzen. Kein Problem! Besprühen Sie einen Karton mit einem abwehrenden Mittel, z.B. Tabasco, und stellen Sie ihn jeden Abend vor die Tapete. Da Katzen diesen Geruch hassen, werden sie Abstand von der Tapete nehmen und nicht mehr daran kratzen.

Im Aquarium …

… billiges Kohlenstoffdioxid

Pflanzen und Fische benötigen einen angemessenen Gehalt an Kohlenstoffdioxid im Wasser. Dies lässt sich ganz einfach erreichen: Füllen Sie 100 Gramm Puderzucker, ein halbes Päckchen Hefe und Wasser in eine Flasche (drei Viertel des Flaschenvolumens). Verschließen Sie die Flasche dicht, und schütteln Sie die Mischung kräftig. Bringen Sie einen Stöpsel und einen Schlauch oben an der Flasche an, und tauchen Sie das Schlauchende in das Aquarium. Die Mischung muss ausgetauscht werden, wenn keine Blasen mehr aus dem Schlauch kommen.

❧

… Dekoration aus Harz

Da neue dekorative Gegenstände aus Harz intensiv riechen, sollten sie vor dem Einsetzen in das Aquarium gewaschen werden. Die Gegenstände einen halben Tag in eine verdünnte Bleichmittellösung legen und danach mit einer Bürste kräftig schrubben. Das Ganze dreimal wiederholen.

❧

… trübes Wasser

Beim Einsetzen von Pflanzen trübt das Wasser oft ein. Dies ist kein Grund zur Sorge, da die Verfärbung allmählich wieder verschwindet. Wechseln Sie andernfalls den Kohlefilter (er sollte im Idealfall alle 2 Wochen gewechselt werden). Sie können die Pflanzen vor dem Einsetzen auch in einem separaten Behälter wässern, um übermäßige Verfärbungen zu vermeiden.

Trauriger Kanarienvogel

Sieht Ihr Kanarienvogel traurig aus? Hat er einige Tage lang nicht gesungen? Eventuell kann etwas Gesellschaft seine Stimmung heben. Hängen Sie einen Spiegel in seinen Käfig. Sobald er sein Spiegelbild erblickt, wird er wieder laut anfangen zu singen.

Jagende Katzen

Katzen haben einen ausgeprägten Jagdtrieb, den man ihnen nicht abgewöhnen kann. Befestigen Sie ein Glöckchen am Halsband der Katze, um ihr die Jagd zu erschweren. Die Beutetiere werden durch den Lärm aufgeschreckt und können rechtzeitig flüchten.

❧

Hunde und Tabletten

Verstecken Sie Tabletten im Lieblingsfutter Ihres Hundes, und halten Sie ihm das Häppchen vor die Nase. Ihr Hund wird die Tabletten nicht riechen und sie mit dem Futter herunterschlucken.

❧

Kaltes Wasser

An heißen Sommertagen kann das Wasser im Aquarium auf unerwünscht hohe Temperaturen ansteigen. Halten Sie für solche Fälle immer eine halb voll gefüllte Wasserflasche im Gefrierschrank bereit. Sie können die Flasche regelmäßig in das Wasser tauchen und die Temperatur damit senken. Dies ist eine einfache und günstige Lösung!

❧

Stabile Futterschalen

Leichte Futterschalen rutschen beim Füttern der Haustiere, sodass überall Wasser und Futter herumliegt. Bringen Sie Gummidichtungen an der Unterseite der Schälchen an. Sie saugen sich am Boden fest und sorgen für einen festen Stand.

❧

Billige Halskrause

Katzen oder Hunde können aufgetragene Creme nicht ablecken, wenn Sie ihnen eine Halskrause aus Karton (oder eventuell aus Papier) anlegen.

„Saubere" Samen

Entfernen Sie die Schalen der Samen vor dem Verfüttern an die Vögel. Die Samen in ein luftdichtes Gefäß schütten, kräftig schütteln und anschließend auf Zeitungspapier schütten. Auf die Samen blasen, sodass die leichten Schalen davonfliegen. Die schalenlosen Samen können Sie nun an die Vögel verfüttern. Dies erspart das lästige Saubermachen in der Umgebung des Käfigs.

Durstige Hunde

Hunde trinken an heißen Tagen manchmal nicht genug, also muss man sie dazu ermuntern. Ihr Hund wird ausreichend trinken, wenn Sie ihm eine Mischung aus Wasser und ein wenig Geflügel- oder Rinderbrühe in seinen Napf gießen.

Reisende Katzen

Es ist oft schwer genug, Katzen in ihren Reisekäfig zu bekommen. Noch schwerer kann es sein, sie im Auto zu beruhigen, da Hitze und Erschütterungen ihnen Angst machen. Legen Sie ein feuchtes Tuch auf den Käfig, bevor sie ihn in das Auto stellen. Dies bringt Kühlung und schirmt die Katze vor den fremden Reizen etwas ab; eventuell ist sie dadurch auch eher gewillt zu schlafen.

Zeckenentfernung

Zecken sollten mit einer Pinzette oder speziellen Zeckenzange so nah wie möglich an der Haut gegriffen und nach hinten herausgezogen werden (keine Drehbewegung!), ohne den Zeckenleib zu quetschen. Die Einstichstelle sollte danach desinfiziert werden. Wenden Sie keinesfalls alte Hausmittel wie Öl oder Klebstoff an. Im Todeskampf werden – wie auch beim Quetschen der Zecke – verstärkt Krankheitserreger in die Wunde abgegeben.

Entlaufene Schildkröten

Schildkröten sind Tarnkünstler und können unerkannt zwischen den Pflanzen im Garten „untertauchen“. Sie ersparen sich langes Suchen, wenn Sie der Schildkröte einen fluoreszierenden Aufkleber auf den Panzer kleben.

Gesundheit und Schönheit

Unsere Großmütter verwendeten für ihre Gesundheits- und Schönheitszubereitungen stets natürliche Zutaten – Kamille, Petersilie, Baumblätter oder -rinde, Obst und Gemüse. In diesem Kapitel finden Sie Rezepte für Tees und Packungen, um damit Krankheiten vorzubeugen oder Ihre Haut zu verwöhnen.

Salzwasser

Verwenden Sie anstelle von Arzneimitteln ein selbst hergestelltes Salzwasserheilmittel, um Ihre Nase bei einer schlimmen Erkältung wieder frei zu bekommen und die Schleimhäute vor Austrocknung zu schützen. Lösen Sie zwei gehäufte Prisen Salz in einem halben Liter kochenden Wasser auf. Sie können damit inhalieren oder die Lösung mit einer Pipette langsam in die Nase träufeln. Salzwasser hilft auch gegen Halsschmerzen. Gurgeln Sie vier- oder fünfmal täglich mit der Salzwasserlösung. Kochen Sie die Lösung in jedem Fall ausreichend auf, damit sie steril ist.

❧

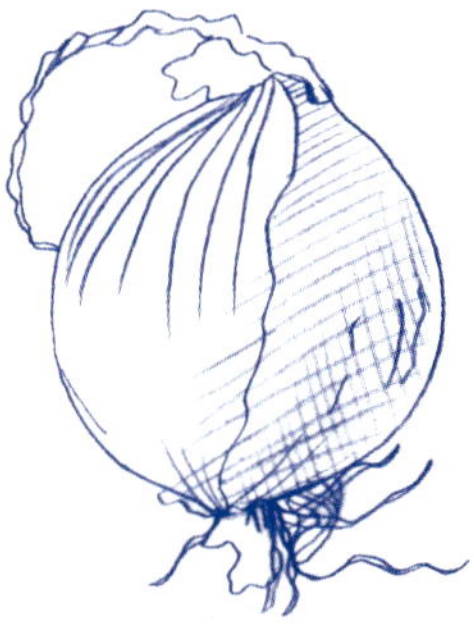

Staub im Auge

Wenngleich Tränen beim Zwiebelschälen lästig sind, können sie manchmal sehr nützlich sein. Schälen Sie eine Zwiebel, wenn Ihnen ein Insekt oder ein Staubkörnchen ins Auge gefallen ist. Mithilfe der Tränen wird die Reizung beseitigt.

❧

Sonnenbrand

After-Sun-Lotion wirkt aufgrund ihres hohen Fettgehalts schmerzlindernd. Das ist nicht neu! Griechische Großmütter behandelten Sonnenbrand mit Hütten- oder Frischkäse.

❧

Harntreibendes Mittel

Beim Abnehmen hilft ein Tee, der aus Kirschstielen zubereitet wird. Eine gehäufte Handvoll Kirschstiele in einen halben Liter kochendes Wasser geben und das Ganze zugedeckt eine Viertelstunde ziehen lassen. Trinken Sie den Tee mehrmals täglich, und Sie werden die harntreibende Wirkung bald spüren. Trinken Sie den Tee nicht abends vor dem Schlafengehen.

Schweißblocker

Versuchen Sie anstelle eines Deodorants ein Bad gegen übermäßiges Schwitzen. Hierzu 25 Gramm Zinnkraut, 25 Gramm Salbei, 30 Gramm Brennnesseln und 30 Gramm Baldrian in einen halben Liter kochendes Wasser geben und das Ganze eine halbe Stunde kochen lassen. Gießen Sie diese Mischung in das Badewasser.

Glanzloses Haar

Kamille- und Orangenblüten sind häufig auf Shampooflaschen abgebildet. Und das nicht nur, weil sie hübsch aussehen. Teezubereitungen aus diesen Blüten verleihen dem Haar mehr Glanz (Orangenblüten bei braunem, Kamilleblüten bei blondem Haar). Jeweils 10 Gramm mit 1,5 Liter Wasser aufbrühen, den Sud in eine Flasche füllen und auf die Haare auftragen.

Altersflecken

Waschen Sie Ihre Hände täglich mit einem Silberbirkensud, um Altersflecken vorzubeugen. Hierzu 20 Gramm Silberbirkenrinde oder -blätter 10 Minuten lang kochen und 15 Minuten ziehen lassen. Die Mischung auf die Hände auftragen und einmassieren.

Müde Augen

Haben Sie nach der Arbeit am Computerbildschirm gerötete und geschwollene Augen? Legen Sie zwei Beutel Kamillentee in den Kühlschrank, befeuchten Sie die Beutel, und legen Sie sie eine Viertelstunde lang auf die Augenlider.

Hilfe bei Schluckauf …

… Luft anhalten

Gegen Schluckauf gibt es viele Ratschläge: Erschrecken, Gurgeln mit kaltem Wasser, rasches Trinken oder die Frage nach der letzten Mahlzeit. Versuchen Sie, sich abzulenken und die Luft anzuhalten. Atmen Sie völlig aus, halten Sie die Luft an und konzentrieren Sie sich etwa 15 Sekunden auf etwas Bestimmtes – zwicken Sie sich etwa in den Finger. Nach 20 Sekunden sollte der Schluckauf aufhören.

❧

… Trinken während des Aufstehens

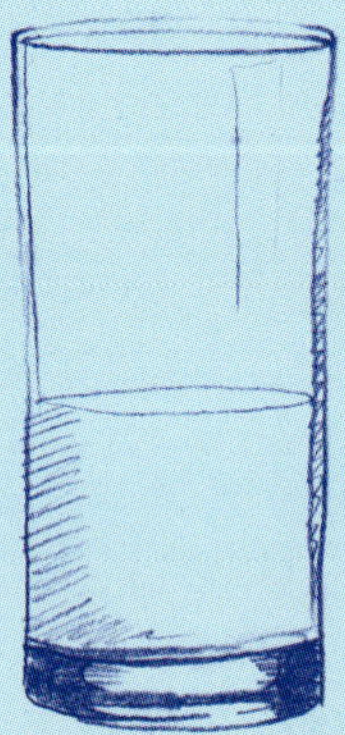

Ein randvoll gefülltes Glas mit Wasser auf den Küchentisch stellen, sich vorbeugen und daraus trinken. Dann langsam aufstehen und in kleinen Schlucken weiter trinken, dabei durch die Nase atmen. Der Schluckauf wird diesen Kampf nicht gewinnen. Es mag zwar komisch aussehen, ist aber wirksam.

❧

… Zucker und Essig

Versuchen Sie diese Methode, wenn Sie nicht komisch aussehen wollen. Etwas Zucker und Essig in den Mund nehmen, auf der Zunge zergehen lassen und langsam hinunterschlucken. Das schmeckt zwar unangenehm und sauer, hilft aber gegen den Schluckauf.

❧

… Zwick mich!

Hier der Rat einer Großmutter gegen Schluckauf: leichtes Zwicken ins Ohrläppchen. Das Überraschungsmoment und der leichte Schmerz sollen den Schluckauf „verscheuchen“.

... Zitronen

Sie waren für viele Großmütter ein Allheilmittel. Drücken Sie die Frucht langsam über Ihrem Mund aus und schlucken Sie ungefähr 5 Tropfen herunter. Der Schluckauf hört auf!

Wirksame Sonnenlotion

Es lässt sich einfach berechnen, wie oft Sonnenlotion aufgetragen werden sollte. Hierzu sich in die Sonne legen und die Zeit in Minuten notieren, ab der die starke Hitze spürbar wird. Die Schutzzeit ergibt sich, wenn man dieses Ergebnis mit dem Lichtschutzfaktor der verwendeten Sonnenlotion multipliziert und durch 60 teilt. Hierzu ein Bespiel: Wenn Sie eine Lotion mit dem Schutzfaktor 4 verwenden und die Sonne nach 30 Minuten spüren, beträgt die Schutzzeit 30 x 4/60 = 2 Stunden. Diese Zeit variiert aber je nach Hauttyp. Sie ist bei dunkler Haut länger, bei heller hingegen kürzer.

❧

Kopfschmerzen

Kälte hilft gegen Kopfschmerzen manchmal besser als Schmerztabletten. Füllen Sie einige Eiswürfel in einen Plastikbeutel und legen Sie ihn in den Nacken. Diese Maßnahme ist häufig – wenn auch nicht immer – wirksam.

❧

Milben

Einfrieren hilft, um Milben von weichem Spielzeug bei Kindern mit Milbenallergie zu beseitigen. Den Teddybär in eine Plastiktüte wickeln, in den Gefrierschrank legen und anschließend wie gewohnt waschen. Der Teddybär ist danach „sterilisiert". Ob im Kinderzimmer oder in gemütlichen Ecken, das Bärenfell ist milbenfrei.

Schlaflosigkeit

Haben Sie Schlafprobleme? Legen Sie Lavendelsäckchen ins Schlafzimmer und unter Ihr Kopfkissen, und Sie werden selig schlummern. Sie können auch ein paar Tropfen Lavendelöl verwenden.

Antischuppenmittel

Brennnesseln sind ein wirksames Antischuppenmittel. Zwei Handvoll Brennnesselblätter in einem halben Liter Alkohol bei 40 °C einweichen. Die Mischung zwei Tage lang ziehen lassen und dann regelmäßig in die Haare einmassieren.

Weiße Zähne

Starke Raucher haben häufig unschöne, gelb verfärbte Zähne. Streuen Sie etwas Natron (nicht zu verwechseln mit Natronlauge!) auf die Zahnbürste, und putzen Sie die Zähne zwei- bis dreimal wöchentlich damit. Natron verhilft nicht nur zu weißen Zähnen, sondern beseitigt auch bakterielle Ablagerungen.

❧

Lippenstift

Werfen Sie Lippenstiftreste nicht weg. Kratzen Sie die Reste mehrerer Lippenstifte aus den Röhrchenböden heraus, und schmelzen Sie diese in einem Simmertopf (oder im heißen Wasserbad). Füllen Sie die Flüssigkeit in ein leeres Röhrchen, und legen Sie es über Nacht in den Kühlschrank. Sie können einen einzigartigen Ton kreieren, indem Sie verschiedene Farben mischen.

❧

Beschlagene Spiegel

Es ist jeden Morgen dasselbe: Wenn Sie aus der Dusche kommen, ist der Spiegel beschlagen. Dem können Sie mit folgendem Trick zu Leibe rücken. Tragen Sie etwas Duschgel auf ein Handtuch auf, und reiben Sie damit den Spiegel ein. Die Wassertröpfchen, die den Belag hervorrufen, können jetzt nicht mehr anhaften. Sie dürfen aber nicht zu viel Duschgel auftragen.

Autokrank?

... „Aromatherapie"

Die Autokrankheit wird vor allem durch die Erschütterungen sowie durch Sauerstoffmangel und stickige Luft hervorgerufen. Nehmen Sie auf Reisen stets einen Bund Minze und Petersilie mit. Riechen Sie bei aufkommender Übelkeit daran, und Sie fühlen sich gleich besser. Sie können die Kräuter auch in ein Säckchen geben und am Rückspiegel aufhängen.

... Ohrstöpsel

Während der Autofahrt können Sie die Erschütterungen zwar nicht hören, diese können aber das Innenohr reizen, das Gleichgewicht stören und dadurch Übelkeit hervorrufen. Angeblich sollen die Schallwellen nicht ins Ohr eindringen, wenn Ohrstöpsel getragen werden.

... Popcorn

Ein Großmutter aus Quebec schwor auf Popcorn als Mittel gegen Autokrankheit. Wenn Sie vor der Reise eine ordentliche Portion Popcorn essen, werden Sie – laut Angaben dieser Großmutter – eine angenehme Reise haben.

… Massage

Auch eine Massage mit ätherischen Ölen hat sich als Mittel gegen Autokrankheit bewährt. Vermischen Sie 5 Teelöffel Speiseöl mit 2,5 Milliliter Zitronenöl, 1 Milliliter Basilikumöl und 1 Milliliter Lavendelöl. Massieren Sie Ihre Schläfen vor der Abfahrt mit dieser Mixtur.

Kerbel gegen Falten

Eine Lotion aus Kerbeltee verleiht weiche Haut und verhindert Faltenbildung. Zwei Handvoll Kerbelkraut mit einem Liter kochenden Wasser überbrühen, das Ganze eine halbe Stunde ziehen und anschließend abkühlen lassen. Tragen Sie die Lotion täglich auf. Sie hält im Kühlschrank 4 bis 5 Tage und kann auch bei fettiger Haut sowie Akne angewendet werden.

❧

Saubere Nägel

Nach der Gartenarbeit oder dem Basteln bleiben unter den Fingernägeln oft hartnäckige schwarze Ränder zurück. Wenn Sie Ihre Fingerspitzen vor dem Arbeiten in ein Stück Seife stecken, können Erde und Schmutz nicht darunter gelangen. Die Seife lässt sich mit Wasser wieder abwaschen.

❧

Kräftigender Make-up-Entferner

Verwenden Sie einen natürlichen Make-up-Entferner, der auch die Wimpern kräftigt. Geben Sie ein wenig Rizinus- und süßes Mandelöl auf einen Wattebausch. Tragen Sie die Mischung vom Wimpernansatz ausgehend zur Spitze hin auf. Das Make-up wird zuverlässig entfernt, und gleichzeitig werden die Wimpern genährt und gekräftigt.

❧

Dauerhaftes Make-up

Kälte festigt die Haut und führt dazu, dass Make-up länger hält. Reiben Sie die Haut mit einem Eiswürfel ab oder besprühen Sie sie – falls dies zu kalt ist – mit sehr kaltem Wasser. Sie werden dadurch einerseits munter, andererseits hält das Make-up den ganzen Tag tadellos.

Rheuma

200 ml Öl auf 50 °C erwärmen, 10 Gramm Kamillenblüten dazugeben und das Ganze unter regelmäßigem Rühren 2 Stunden ziehen lassen. Die Mischung in ein verschließbares Gefäß füllen und an einem dunklen, kühlen Ort aufbewahren. Regelmäßige Anwendungen mit diesem Kamillenöl führen zur Linderung des rheumatischen Schmerzes.

❧

Schmerzhafte Haare

Hochgestecktes Haar verursacht manchmal einen diffusen Schmerz auf der Kopfhaut. Auch die Haare brauchen etwas Ruhe und Entspannung! Massieren Sie die Kopfhaut etwa eine Viertelstunde lang mit den Fingerspitzen oder lassen Sie sich massieren. Der Schmerz wird schnell verschwinden.

❧

Gelbe Finger

Überzeugte Raucher schwören auf Bananen. Verfärbungen und Geruch verschwinden, wenn Sie vom Rauchen gelb gewordene Finger mit der Innenseite einer Bananenschale scheuern. Diese Methode hilft auch bei Tintenflecken auf der Haut.

❧

Schwangerschaftsstreifen

Reiben Sie Ihren Bauch während der Schwangerschaft täglich mit Sheabutter ein. Dies macht die Haut weicher und elastischer und verhindert das Entstehen von Schwangerschaftsstreifen. Führen Sie diese Maßnahme auch nach der Entbindung noch einige Monate durch.

... Talkumpuder und Öl

Tragen Sie vor dem Enthaaren mit Wachs Talkumpuder auf Ihre Beine auf, um die Haare voneinander zu trennen. Bestreichen Sie die Beine anschließend mit Speiseöl oder einem ätherischen Öl, um die Wachsreste zu entfernen.

Schmerzfreies Enthaaren …

… mit Eis

Fahren Sie mit einem Eiswürfel vor dem Zupfen über die Augenbrauen. Sie verspüren weniger Schmerz, da der Bereich durch die Kälte betäubt wird.

❧

… Alaunstift

Enthaarte Bereiche sind oft gerötet und gereizt. Bestreichen Sie den Bereich mit einem befeuchteten Alaunstift, um solche Reizungen zu verhindern. Alaun hat eine schmerzlindernde und adstringierende Wirkung auf die Haut.

❧

… mit natürlichem Wachs

Stellen Sie Wachs mithilfe von zehn Zuckerwürfeln und dem Saft von zwei Zitronen selbst her. Den Saft in einem Topf leicht erwärmen und die Zuckerwürfel dazugeben. Die Mischung rühren, bis sich der Zucker aufgelöst hat. Die Flüssigkeit so lange aufkochen lassen, bis sie eine cremige Konsistenz bekommt. Nach dem Abkühlen kann die Mischung ebenso wie herkömmliches Wachs zum Enthaaren aufgetragen werden. Die Rezeptur ist ideal für empfindliche Haut und hat tiefenreinigende Wirkung.

❧

… Hitze ist gut

Das Enthaaren ist weniger schmerzhaft, wenn Sie vor dem Enthaaren ein sehr heißes Bad nehmen. Die Poren werden dadurch geöffnet.

❧

… Creme testen

Testen Sie eine neue Enthaarungscreme vor der ersten Anwendung an einer unauffälligen Körperstelle, um böse Überraschungen zu verhindern. Sie merken sofort, wenn sie dagegen allergisch sind.

Einfache Gesichtspackung

Gegen fettige Haut gibt es unzählige Rezepturen. Die folgende Packung besteht zwar aus einfachen Zutaten, ist aber nicht weniger wirksam als extravagante Rezepturen. Ein Ei aufschlagen, Eigelb und Eiweiß trennen. Das Eiweiß zu Schnee schlagen. Das Eigelb und etwa 20 Tropfen Zitronensaft dazugeben und vorsichtig unter den Eischnee heben. Verteilen Sie die Mischung auf dem Gesicht, sparen Sie den Bereich um die Augen herum aus (die Zitronensäure wirkt reizend). Lassen Sie die Maske ungefähr eine Viertelstunde trocknen und waschen Sie sie anschließend mit warmem Wasser ab. Die adstringierende Wirkung der Zitrone festigt die Poren und reduziert die Talgproduktion.

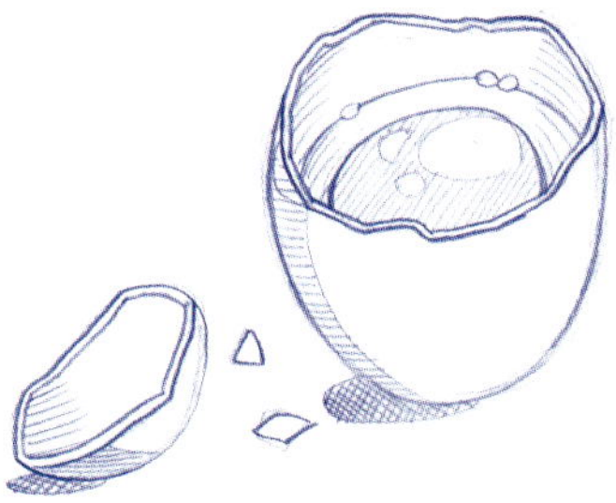

❧

Fieber und Weide

Großmüttter aus der Bretagne verwendeten Weidenrinde gegen Fieber. Versuchen Sie es einmal. 50 Gramm Rinde in einem Liter Weinessig 4 Tage lang ziehen lassen und danach durch ein Sieb gießen. Den Sud in ein geschlossenes Gefäß gießen und im Kühlschrank aufbewahren. Trinken Sie bei Fieber jeweils morgens und abends ein Glas davon.

❧

Zysten und Warzen

Knoblauch ist ein sehr wirksames Heilmittel gegen Zysten und Warzen. Bestreichen Sie die betroffene Stelle mit einer halbierten Knoblauchzehe. Wiederholen Sie diesen Vorgang, bis die Zyste oder Warze verschwunden ist.

Fenchel für weiche Haut

Fenchel ist bestens zur Reinigung und Pflege der Haut geeignet. Eine Fenchelknolle in kleine Stücke schneiden und über Nacht in einem Liter Wasser einweichen. Den Sud am nächsten Tag aufkochen und für ein Gesichtsdampfbad verwenden. Lassen Sie die Dämpfe eine Viertelstunde einwirken und besprengen Sie das Gesicht anschließend mit kaltem Wasser.

Hustenmittel

Veilchen sind ein wirksames Mittel gegen Husten und schlimme Bronchitis. Brühen Sie 20 Gramm getrocknete Veilchenblätter mit einem Liter Wasser auf und lassen Sie den Sud etwas ziehen, dann abseihen. Den Sud mit Honig vermischen und abends vor dem Schlafengehen trinken.

Mundpflege

Manche Gärtner betrachten Portulak als lästige, nutzlose Pflanze. Sie unterstützt jedoch die Mundhygiene. Kauen Sie daher täglich einige Portulakblätter. Das verhilft zu weißen Zähnen und wirkt schmerzlindernd bei Verbrennungen von Zunge oder Gaumen.

Schnell trocknender Nagellack

Tauchen Sie Ihre Nägel nach dem Lackieren in sehr kaltes Wasser anstatt ewig darauf zu warten, dass sie an der Luft trocknen. Der Lack erhärtet durch die Kälte und trocknet dadurch schneller.

Haarausfall

Verlieren Sie beim morgendlichen Frisieren immer eine Menge Haare? Dagegen hilft eine Lotion aus Kapuzinerkresse. 200 Gramm Blüten in einem halben Liter Alkohol bei 60 °C einweichen, 2 Wochen ziehen lassen und anschließend abseihen. Massieren Sie die Lotion in die Kopfhaut ein.

Reiner Atem und weiße Zähne …

… durch Natron

Als überzeugter Raucher haben Sie vermutlich gelb verfärbte Zähne. Putzen Sie ihre Zähne zwei- bis dreimal wöchentlich mit Natron (nicht zu verwechseln mit der ätzenden Natronlauge!). Es reinigt genauso gut wie eine Zahnpasta, und die Zähne werden dadurch wieder strahlend weiß. Diese Behandlung ersetzt aber nicht die regelmäßigen Kontrollen durch den Zahnarzt.

… gegen Knoblauchgeruch

Knoblauch verursacht keinen schlechten Atem, wenn Sie den Gerichten beim Kochen aromatische Kräuter und Gewürze wie Petersilie, Kümmel oder Kreuzkümmel beifügen.

Haben Sie dies versäumt, können Sie nach der Mahlzeit einen Apfel essen oder einige Kaffeebohnen zerbeißen und damit den Tag retten.

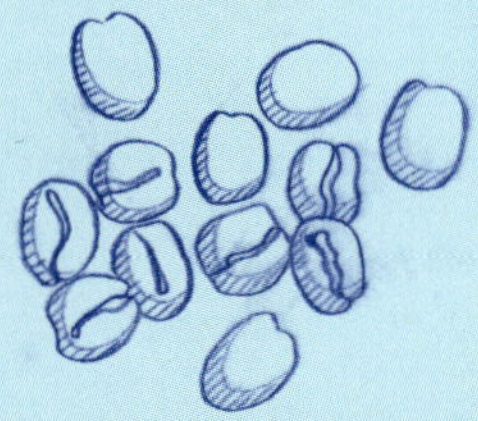

… Zunge reinigen

Der Reinigung der Zunge wird nicht genug Aufmerksamkeit gewidmet, obwohl hier eine der Ursachen für schlechten Atem liegt. Verwenden Sie hierzu eine Zahnbürste. Tauchen Sie die Bürste in Mundwasser ein, und bürsten Sie die Zunge vom Zungengrund beginnend in Richtung der Schneidezähne. Die Prozedur ist zwar nicht angenehm, aber der Erfolg ist garantiert.

… Zahnfleischentzündung

Zahnfleischentzündung kann Mundgeruch verursachen. Dagegen hilft das Gurgeln mit Kornblumenwasser. Zehn Kornblumenblüten mit einer Tasse heißem Wasser überbrühen, 10 Minuten ziehen lassen und abseihen. Mit diesem Sud alle 2 Tage gurgeln.

Wäsche und Kleidung

Kleidung und Wäsche laufen ein oder leiern aus, verblassen oder vergilben, verlieren Knöpfe, Strumpfhosen bekommen Laufmaschen, Reißverschlüsse klemmen ...

Für all diese alltäglichen Mühen gibt es geeignete und billige Lösungen. Natürliche und günstige Alternativen zu käuflichen Fleckenentfernern sind Essig, Salz oder Mineralwasser. Damit lassen sich selbst hartnäckige Flecken wirkungsvoll beseitigen.

Laufmaschen

Nagellack ist nach wie vor das beste Mittel gegen Laufmaschen in Strumpfhosen, auch wenn es fast jeder kennt. Tragen Sie etwas Nagellack in der Umgebung des Loches auf, und lassen Sie ihn trocknen. Es wird nicht mehr größer.

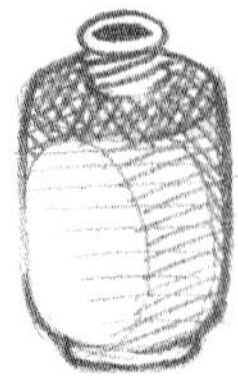

❧

Verfilzte Wollkleidung

Sie haben einen Wollpullover zu warm gewaschen oder versehentlich in den Wäschetrockner gegeben? Der Schaden lässt sich wie folgt beheben. Weichen Sie das Stück in Wasser ein, in dem Sie Bohnen gekocht oder dem Sie etwas Glycerin beigefügt haben. Lassen Sie das Stück, auf einem Handtuch ausgebreitet, trocknen. Das Strickgewebe wird dadurch wieder etwas lockerer.

❧

Vorwäsche

Behandeln Sie Flecken auf Kleidung vor der Wäsche mit Geschirrspülmittel. Einen Tropfen direkt auf den Flecken auftragen, gründlich einreiben und die Kleidung sofort danach waschen. Mit diesem Trick lassen sich vor allem Fettflecken entfernen.

❧

Vergilbte weiße Wäsche

Ist Ihre weiße Kleidung oder Tischwäsche vergilbt? Das Stück nach der Wäsche in die mit kaltem Wasser gefüllte Badewanne legen, etwas Wasserstoffperoxid beifügen, eine Stunde darin einweichen und anschließend erneut separat waschen.

❧

Gut fallende Hosen

Haben Sie genug von Hosen, die sich am Knöchel oder an den Socken hochschoppen? Wenn Sie ein Bleiband in den Saum einnähen, fällt die Hose perfekt über die Schuhe.

Lederpflege

Werfen Sie Reste einer Sonnenlotion nicht weg, sondern verwenden Sie diese zur Behandlung und Pflege von Lederjacken, -schuhen und -sofas. Schließlich dienen Sonnenlotionen dazu, die Haut zu ernähren und zu pflegen – und Leder ist gegerbte Haut.

❧

Klemmender Reißverschluss

Reißverschlüsse klemmen manchmal nach dem Kauf oder der Wäsche.

Reiben Sie den geöffneten Reißverschluss mit einer Kerze oder einem Stück Seife ein. Anschließend mehrmals schließen und wieder öffnen.

Er sollte jetzt gut gängig sein und nicht mehr klemmen.

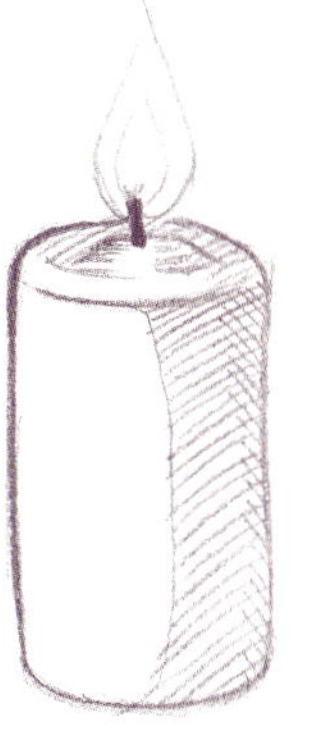

❧

Bügeln leicht gemacht

Keine Zeit zum Bügeln? Hängen Sie das Kleidungsstück über die gefüllte Badewanne oder vor dem Duschen in die Nähe der Dusche. Durch die kombinierte Einwirkung von Wasserdampf und dem Eigengewicht der Kleidung erhalten Sie ein wunderbar „gebügeltes" faltenfreies Kleidungsstück.

❧

Schnelles Trocknen

Sie sparen Zeit und Geld, wenn Sie zur nassen Wäsche zusätzlich ein trockenes Frotteehandtuch in den Wäschetrockner legen. Die Trockenzeit wird deutlich verkürzt, da das Handtuch die entstehenden Wassertröpfchen aufnimmt.

Weinflecken …

… und Geschirrspülmittel

Etwas Geschirrspülmittel und einige Tropfen Essig auf einen Lappen geben und den Fleck damit betupfen. Den Fleck vorsichtig mit einem nassen Schwamm reiben und anschließend mit Wasser ausspülen.

❧

… Weiß auf Rot

Rotweinflecken lassen sich mit Weißwein entfernen. Den Rotweinflecken mit reichlich Weißwein befeuchten, dann den Bereich mehrmals vorsichtig mit einem Schwamm reiben. Die Weinflecken sind entweder völlig verschwunden oder zumindest so weit entfernt, dass die Waschmaschine den Rest schaffen kann.

❧

… und Milch

Heiße Milch ist die beste Lösung für Tischdecken aus Baumwolle. Den Rotweinfleck mit heißer Milch begießen, kräftig einreiben und gründlich mit reinem Wasser ausspülen. Die Tischdecke anschließend mit der Maschine oder mit Haushaltsseife per Hand waschen.

❧

… und Mineralwasser

Frische Rotweinflecken lassen sich mit Mineralwasser entfernen. Den Fleck mit einem Schwamm betupfen, bis der Fleck fast verschwunden ist. Die Waschmaschine kann dann den Rest erledigen.

… und Salz

Salz ist ein bekanntes Mittel gegen Weinflecken. Man muss es jedoch richtig anwenden.

Den verschütteten Wein sofort mit Küchenpapier aufnehmen. Erst danach reichlich Speisesalz auf den Fleck schütten. Das Salz eine Minute einwirken lassen und sofort anschließend mit kaltem Wasser auswaschen.

Frisches Weiß

Winterfröste verleihen weißer Wäsche strahlendes Weiß.

Hängen Sie die Wäschestücke nachts bei Frost im Freien auf, und sie erstrahlen am nächsten Morgen in frischem Weiß.

Ausfärben

Jeder kennt den klassischen Alptraum, dass Wäsche ausfärbt und die anderen Stücke „kontaminiert". Dies lässt sich mit einer einfachen Maßnahme verhindern. Fügen Sie dem Wasser eine Tasse Weißweinessig vor der ersten Wäsche von Baumwollkleidung zu. Die Farbstoffe werden dadurch fixiert, und das Wäschestück färbt künftig nicht mehr aus.

Kaugummi

Es ist äußerst mühselig, Kaugummi von einem Wäschestück zu entfernen. Man kann das weiche, klebrige Zeug nie völlig entfernen, läuft aber Gefahr, das Stück durch wiederholtes Kratzen zu beschädigen. Einfacher geht es, wenn Sie das Stück ausbreiten und etwas Eis auf den Fleck legen. Der Kaugummi wird nach einigen Minuten hart und kann dann durch leichtes Kratzen mühelos entfernt werden.

Kein Einlaufen mehr

Legen Sie Baumwollkleidung vor der ersten Wäsche über Nacht in kaltes Salzwasser. Dadurch wird verhindert, dass die Kleidung beim Waschen einläuft.

Milch als Fleckenentferner

Haben Sie genug von Stiften, die in Taschen herumliegen und dabei hartnäckige Tintenflecken hinterlassen? Reiben Sie die verunreinigten Stellen mit etwas Milch kräftig ein und wiederholen Sie diesen Vorgang bei Bedarf.

Fleckiges Wildleder

Flecken auf Wildlederschuhen oder -kleidung lassen sich durch vorsichtiges Reiben mit einem Radiergummi entfernen.

❧

Verschmutzte Hemdkrägen

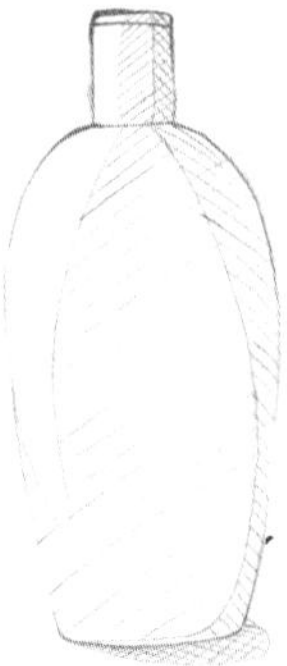

Es gibt nicht Besseres gegen „Kragenschmutz“ als Haarshampoo. Etwas Shampoo in den feuchten Hemdkragen einreiben und das Hemd anschließend waschen.

❧

Gebügelte Hosen

Wie bekommt man faltenfreie Hosen ohne Bügeleisen? Die Hosenbeine übereinander legen und – an der Unterseite beginnend – eng zusammenrollen. Die Hose anschließend auf eine Wärmequelle legen (aber nicht auf einen elektrischen Heizkörper).

❧

Socken zum Schuhepolieren

Verwenden Sie zum Polieren Ihrer Schuhe alte Socken anstelle eines Poliertuchs. Sie sehen danach wieder wie neu aus.

❧

Leinenschuhe

Leinenschuhe sollte man nicht in der Waschmaschine waschen. Man kann stattdessen etwas Teppichschaum auf die verschmutzte Stelle geben und mit einer alten Zahnbürste einreiben. Den Schaum mit einem feuchen Lappen entfernen, und die Schuhe im Freien trocknen lassen.

Katzenhaare

Nach dem Streicheln der Katze ist Ihre Kleidung vermutlich mit Haaren bedeckt. Verwenden Sie zum „Enthaaren" eine Haarbürste in einem alten Socken. Durch die Reibung entsteht statische Aufladung, von der die Haare angezogen und angesammelt werden.

Diverse Flecken …

… Fett

Hartnäckige Fettflecken auf Kleidung mit etwas verdünntem Salmiakgeist befeuchten. Ein Stück Löschpapier oder ein Papiertuch auf den Fleck legen. Etwas Waschbenzin auf einen Wattebausch geben und damit das Papier oder Tuch betupfen. Anschließend etwas Talkum über den gesamten Bereich streuen. Das Ganze einige Minuten einwirken lassen, das Papier entfernen und die Kleidung wie gewohnt waschen.

❧

… Blut

Bluter können kein Aspirin einnehmen, da es das Blut verdünnt. Dieses Prinzip kann man sich zum Entfernen von Blutflecken zunutze machen. Eine Aspirintablette in einem Glas Wasser auflösen, auf den Fleck gießen und einreiben. Danach das Stück wie gewohnt waschen.

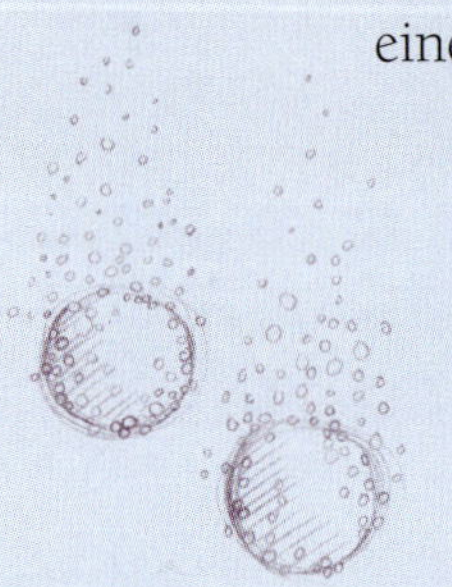

❧

… Make-up

Lippenstift lässt sich am besten aus der Kleidung entfernen, wenn man den Fleck mit Haarspray besprüht und die Kleidung danach wie gewohnt wäscht.

… Kaffee

Kaffeeflecken lassen sich mit Eigelb entfernen. Hierzu das Eigelb in eine kleine Wasserflasche geben, mit heißem Wasser begießen und alles kräftig schütteln. Den Fleck über den Flaschenhals legen und die Flasche umdrehen. Die Kleidung danach wie gewohnt waschen.

Diverse Flecken ...

(Fortsetzung)

... Öl

Teer- und Ölflecken lassen sich leichter entfernen, wenn man sie vor dem Waschen mit Fett (zum Beispiel Butter) einreibt. Danach den Bereich mit Terpentinöl besprühen und anschließend mit Seife und Wasser per Hand waschen. Den letzten Schritt bei Bedarf wiederholen.

❧

... Schimmelige Kleidung

Ist Ihre Kleidung während des Umzugs lange in feuchten Kartons gelegen und schimmelig geworden? Die Flecken trocknen lassen und mit Geschirrspülmittel oder Natron einreiben. Die Kleidung mit Wasser ausspülen und anschließend wie gewohnt in der Waschmaschine waschen.

❧

... Obst

Behandeln Sie Tischdecken oder Kleidung mit Flecken von sehr zuckerhaltigen oder klebrigen Fruchtsäften mit Zitronensaft. Die Flecken werden bei der anschließenden Wäsche leichter entfernt.

❧

... Harz

Getrocknetes Harz lässt sich sehr schwer entfernen, da sämtlicher Schmutz darauf haften bleibt. Befeuchten Sie einen Lappen mit Terpentinöl und reiben Sie den Teerfleck damit ein. Den Fleck mit Seife einschäumen, gründlich ausspülen und das Stück in der Waschmaschine waschen.

Schwarz ist schwarz

Färben Sie schwarze Wäschestücke wieder ein, wenn sie ausgebleicht sind. Hierzu kochendes Wasser in eine große Wanne gießen und einige Handvoll Efeublätter beifügen. Das Ganze 2 bis 3 Stunden ziehen lassen und anschließend den Efeu mit einer Schaumkelle entfernen. Die schwarzen Wäschestücke über Nacht in diese Mischung legen, am nächsten Tag auswringen und trocknen lassen. Die Stücke waschen und dem Waschwasser etwas Essig beifügen. Ihre Kleidung ist wieder so schwarz wie am ersten Tag, und der Farbstoff wird durch den Essig fixiert. Sie sollten die Stücke aber dennoch die ersten Male separat waschen.

❧

Fusseln abrasieren

Fusseln auf Baumwoll- oder Wollkleidung lassen sich mit einem Rasierapparat entfernen. Dabei keinen Druck ausüben und die Klinge regelmäßig abspülen.

❧

Flecken auf Seide

Oft wird Seide bereits durch einen Tropfen Wasser befleckt. Sie kann sich zum Glück selbst reinigen. Beide Seiten des Seidenstücks reiben oder sie an der befleckten Stelle zusammenbinden. Der Fleck verschwindet sehr schnell.

❧

Reiserolle

Kommt Ihre Kleidung selbst nach sorgfältigem Zusammenlegen immer zerknittert aus dem Koffer? Es gibt eine einfachere Lösung, als stundenlang Kleidung zusammenzulegen. Die Kleidung völlig flach ausbreiten, die Stücke aufeinander legen, sehr eng aufrollen und so in den Koffer legen. Die Kleidung ist viel weniger verknittert, wenn Sie sie aus dem Koffer herausnehmen.

Versengtes Leder

Die Originalfarbe alter versengter Ledergegenstände lässt sich mit etwas Bier und ein oder zwei kleinen Alteisenstücken wieder herstellen. Die Stücke über Nacht in Bier legen. Diese Lösung mithilfe einer Bürste auf die versengte Stelle auftragen und mit einem Lappen einreiben.

❧

Alte Jeans

Die Farbe alter Jeanshosen oder -jacken lässt sich auffrischen, wenn Sie sie zusammen mit einer neu gekauften Jeans waschen.

❧

Rauchfreier Pullover

Wollpullover nehmen sehr schnell den Geruch von Zigarettenrauch an. Anstatt das Stück zu waschen, können Sie es eine halbe Stunde lang auf den Heizkörper legen. Danach ist der Geruch wie von Zauberhand verschwunden.

❧

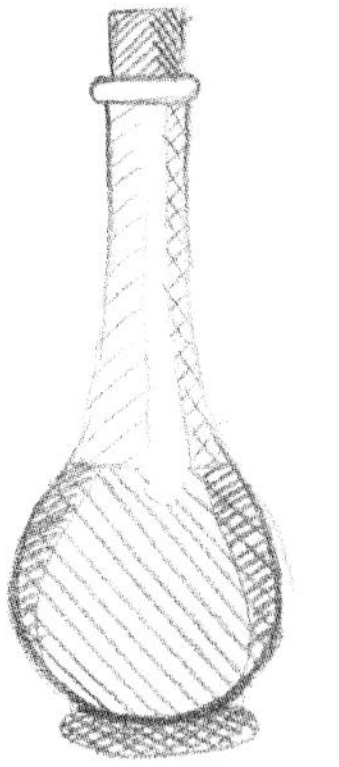

Gut riechende Wäsche

Wäsche riecht gut, wenn Sie dem Spülwasser einige Tropfen ätherisches Öl beifügen.

❧

Glänzende Schuhe

Mit einer Bananenschale können Sie Ihre Lederschuhe auf Hochglanz bringen. Reiben Sie die Schuhe mit der Innenseite der Schale ein, und polieren Sie die Schuhe anschließend mit einer Bürste.

Gestärkte Jeans

Jeans werden nach häufigem Waschen oft weich. Sie werden wieder steifer, wenn man sie vor dem Bügeln wie Hemdkrägen stärkt.

Haltbare Knöpfe

Nähen Sie Knöpfe vor dem ersten Tragen noch einmal zusätzlich an, um sie nicht zu verlieren. Verwenden Sie hierzu passendes Nähgarn. Befestigen Sie einen Knopf mit vier Löchern wie folgt: Nähen Sie den Knopf mit verschiedenen Fäden immer paarweise an den Löchern an. Dadurch wird der Knopf nicht durch einen Faden, sondern durch vier Fäden festgehalten. Oder geben Sie bei anderen Knopfarten etwas Nagellack auf das Garn, um es zu festigen und vor Verschleiß zu schützen.

Weiches Leder

Reiben Sie neue Schuhe vor dem ersten Tragen mit Glycerinöl ein. Das Leder wird dadurch etwas weicher, ohne Schaden zu nehmen.

Ausgetretene Schuhe

Nach einem Regenguss können Schuhe aus der Form geraten. Die Schuhe mit Zeitungspapier ausstopfen, sodass sie wieder die richtige Form annehmen, und trocknen lassen. Die Schuhe nicht in die Nähe offener Feuerstellen oder unter den Heizkörper stellen.

Mottenabwehr

Natürliche Mottenmittel sind ebenso wirksam wie gekaufte. Der Geruch von Gewürznelken ist zwar wirksam, durchdringt aber die Kleidung sehr stark. Ebenso wirkungsvoll ist der süßere Geruch von getrockneten Minzeblättern oder von Lavendel und Zitronengrasöl.

Kratzige Wolle

Legen Sie sie vor der Wäsche in einer Plastiktüte 2 bis 3 Stunden in den Gefrierschrank. Nach der Wäsche ist sie wieder weich.

❧

Gleitende Kleiderbügel

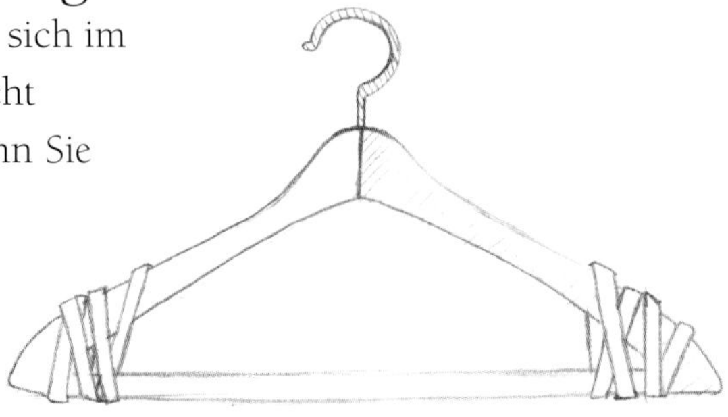

Wintermäntel und -jacken auf Kleiderbügeln lassen sich im Schrank oft nur schwer verschieben. Dem kann leicht abgeholfen werden: Kleiderbügel gleiten besser, wenn Sie die Kleiderstange mit Seife oder Kerzenwachs einreiben.
Außerdem kann die Kleidung nicht mehr vom Bügel herunterrutschen, wenn Sie die Bügelenden mit einem elastischen Band umwickeln. Die Kleidung haftet daran und kann nicht mehr verrutschen.

❧

Magischer Faden

Haben Sie Schwierigkeiten, den Faden durch das Nadelöhr zu bringen? Es geht einfacher, wenn Sie das Fadenende leicht mit einem Klebestift bestreichen. Das steife Fadenende lässt sich leichter einfädeln.

❧

Gleitende Lauffläche

Die Lauffläche eines Bügeleisens wird irgendwann stumpf. Wenn Sie die Lauffläche regelmäßig mit ein wenig Speisesalz einreiben, gleitet sie wie von selbst über den Stoff.

Farbechte Kleidung

Testen Sie Kleidung vor der ersten Wäsche auf Farbechtheit. Hierzu an einer unsichtbaren Stelle (z.B. am Saum) waschen, danach zwischen zwei alte Leinenstücke legen und das „Sandwich“ bügeln. Farbechte Kleidung erzeugt keine Verfärbung der Stücke.

PONS

Dekoration

Experimentieren Sie mit Materialien, Formen und Raum und lassen Sie Ihrer Phantasie freien Lauf. Mit etwas Kreativität kann alles – oder fast alles – dekorativ sein. Farbe kann Räume größer oder kleiner bzw. kälter oder wärmer erscheinen lassen. Sie können einem gewöhnlichen Gegenstand oder Möbelstück durch die Kombination gängiger Produkte und einfacher Methoden ein antikes oder modernes Aussehen verleihen. Mit den folgenden Tricks können Sie frischen Wind in Ihr Heim bringen und Ihre Gäste in Erstaunen setzen.

Vorhangkauf

Bemessen Sie den Vorhangstoff großzügig beim Kauf. Rechnen Sie als Vorhangbreite die doppelte Länge der Vorhangstange, und addieren Sie 30 Zentimeter für die seitlichen Säume dazu. Messen Sie die gewünschte Vorhanglänge aus – bis zum Boden, dem Fensterbrett, über dem Heizkörper – und addieren Sie wiederum 30 Zentimeter für die Säume dazu.

❧

Hübsche Eiswürfel

Eiswürfel werden durchsichtig und glänzend, wenn sie mit vorher abgekochtem Wasser zubereitet werden. Das trübe und undurchsichtige Aussehen herkömmlicher Eiswürfel wird durch Mineralstoffe im Leitungswasser verursacht, die beim Kochen entfernt werden.

❧

Rostentfernung

Alte Metallobjekte wie antike Werkzeuge oder Küchenutensilien sind sehr dekorativ. Legen Sie die Gegenstände zum Entrosten in ein Gefäß und begießen Sie diese mit Cola-Limonade. Danach sehen sie wie neu aus. Sie müssen die Gegenstände danach nur noch polieren und an den gewünschten Platz stellen.

❧

Festliche Fenster

Mit Zahnpasta und einer Bürste können Sie Ihre Fenster festlich und kostengünstig dekorieren. Und wenn die Feier vorbei ist, können Sie die Verzierungen und Beschriftungen mit etwas Wasser wieder entfernen.

Weiße Augenbrauen

Vergessen Sie nicht Ihre Augenbrauen „einzufärben", wenn Sie sich als Nikolaus verkleiden; sonst werden Sie schnell durchschaut. Die Augenbrauen werden weiß, wenn Sie diese mit weicher Butter bestreichen und dann mit Mehl bestäuben.

Geeiste Johannisbeeren

Wollen Sie Desserts hübsch dekorieren? Verwenden Sie einige Johannisbeerrispen, und entfernen Sie die beschädigten Beeren. Tauchen Sie die Rispen zunächst in kaltes Wasser und dann in Puderzucker. Die Beeren bekommen dadurch ein bereiftes Aussehen. Sie können damit einen Kuchen oder einen Teller für ein Dessert mit Sauce dekorieren.

Dunkle Räume

Haben Sie ungemütliche dunkle Ecken in Ihrer Wohnung? Dann setzen Sie ein paar gelbe Farbtupfer – an der Wand, dem Lampenschirm oder dem Kaffeetisch – und alles erscheint heller und wärmer.

Streifen

Streifen werden bei Kleidung zum „Kaschieren" der Figur eingesetzt; sie sind auch geeignet, um das Aussehen eines Raumes zu beeinflussen. Längsstreifen auf Wänden verleihen einem niedrigen Raum mehr Höhe, während Querstreifen einen hohen Raum tiefer erscheinen lassen.

Farbe ...

... alt

Werfen Sie alte Farbe nicht weg. Sie lässt sich eventuell noch verwenden, wenn sie filtriert wird. Den Farbeimer öffnen und die Farbe gründlich verrühren, bis sie möglichst flüssig ist. Eine alte Socke auf einen sauberen Behälter legen und mit Gummiringen befestigen. Die alte Farbe portionsweise in die Socke gießen; sie darf dabei nicht verrutschen. Die durchgelaufene Farbe kann jetzt wieder verwendet werden.

❧

... ausgetrocknet

Legen Sie vor dem Verschließen einen Korken in den Farbeimer, wenn die Malerarbeiten mehrere Tage dauern. Entfernen Sie beim nächsten Gebrauch zunächst den Korken, an dem die oberste Schicht haften bleibt. Sie wird dadurch automatisch mit dem Korken entfernt.

❧

... geschützte Hände

Wollen Sie Türen oder Fenster streichen? Reiben Sie Hände und Eisenbeschläge zuvor mit Paraffinöl ein. Farbspritzer lassen sich danach einfach mit einem Schwamm entfernen.

❧

... Stühle streichen

Wollen Sie Stühle, Tische oder andere Möbel mit Beinen streichen? Setzen Sie unter jedes Bein einen Nagel, und stellen Sie das Möbelstück auf Zeitungspapier.
Auf diese Weise lassen sich auch die Unterseiten der Möbelbeine streichen und das Papier auf dem Boden klebt nicht an den Beinen fest.

… Treppen streichen

Streichen Sie nur jede zweite Treppenstufe, damit die Treppe weiterhin benutzt werden kann. Wenn die Farbe trocken ist, streichen Sie die restlichen Stufen. Arbeiten Sie von oben nach unten und decken Sie jeweils die darunter liegenden Stufen ab.

Hochglanzpolitur

Bringen Sie Ihre Möbel mit Seife zum Glänzen. Ein Stück Seife und zwei große Kerzen in eine Salatschüssel reiben. Das Ganze im Simmertopf oder Wasserbad erhitzen, bis eine gleichförmige Masse entsteht. Die Flüssigkeit in eine geeignete Form gießen und im Kühlschrank aushärten lassen. Diese Mischung können Sie mit einer feuchten Bürste auf die Möbel auftragen. Sie verleiht den Möbeln nach dem Trocknen Glanz und weist gleichzeitig Staub zurück.

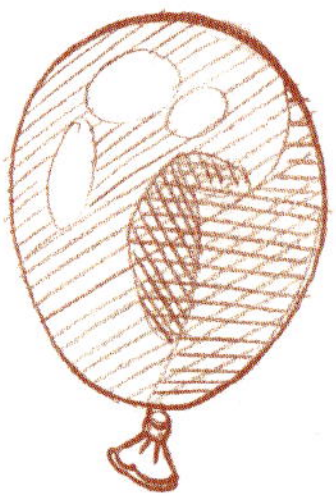

Luftballons aufblasen

Es ist oft mühsam, Lufballons aufzublasen. Die Luft geht nicht hinein oder das Mundstück verrutscht. Versuchen Sie folgenden Trick: Ein 10 Zentimeter langes Röhrchen mit einem etwas größeren Durchmesser als dem des Mundstücks verwenden. Den Ballon auseinander ziehen, damit er weicher wird, und über das Röhrchen schieben.

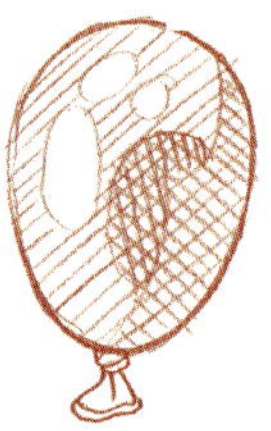

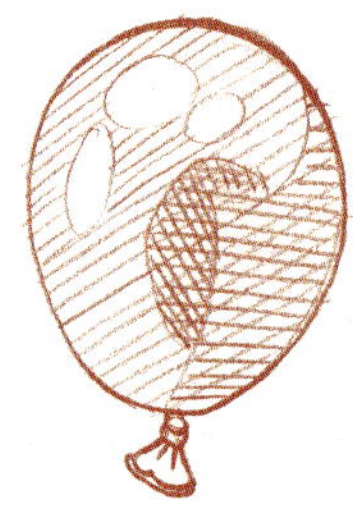

Duftende Räume

Parfümieren Sie Ihre Räume mit ätherischen Ölen. Beträufeln Sie damit die Glühbirnen; der Duft wird frei gesetzt, sobald sich die Birnen erwärmen. Oder legen Sie einen beträufelten Wattebausch hinter die Heizkörper (nicht hinter elekrische). (Dieser Trick funktioniert nur bei herkömmlichen Glühbirnen und nicht bei Halogenleuchten oder Neonröhren.)

Stabiler Schnickschnack

Dekorationsgegenstände können nicht mehr umfallen, wenn man sie auf die Möbel klebt. Verwenden Sie hierzu ein doppelseitiges Klebeband, das Sie beim Staubwischen erneuern. Reinigen Sie die Oberfläche beim Wechsel des Klebebandes gründlich, und entfernen Sie jedesmal sämtliche Klebereste.

Selbst gemachter Holzkitt

Sammeln Sie die Sägespäne, wenn Sie Holzplanken oder -balken zersägen. Fügen Sie etwas Holzleim dazu, und Sie erhalten einen hervorragenden Holzkitt. Sie können ihn zum Ausbessern von Möbeln und Dekorationsgegenständen verwenden.

❧

Glänzende Kerzen

Kerzen glänzen, wenn sie mit einer alten Socke abgerieben werden. Dadurch wird die stumpfe Schicht entfernt, die sich auf dem Paraffin ablagert.

❧

Rustikale Möbel

Wollen Sie Ihren Möbeln ein rustikales Aussehen verleihen? Zunächst die Farbe entfernen bzw. den Lack abschmirgeln. Jeweils einen halben Liter Rotwein und Speiseöl in einer Schüssel verrühren und die Möbel mit dieser Mixtur bestreichen. Die „Farbe" verleiht den Möbeln ein „natürliches" rustikales Aussehen.

❧

Spiegel

Spiegel können einen Raum heller oder größer erscheinen lassen. Hängen Sie doch einmal Spiegel in dunklen oder kleinen Räumen auf. Allein fürs Badezimmer sind sie viel zu schade.

❧

Farbige Kisten

Unterschiedlich große, farbige und geformte Kisten sind bei Platzmangel hilfreich. Verteilen Sie die „Raumwunder" in Ihrer Wohnung und setzen Sie damit zusätzlich freundliche und farbige Akzente.

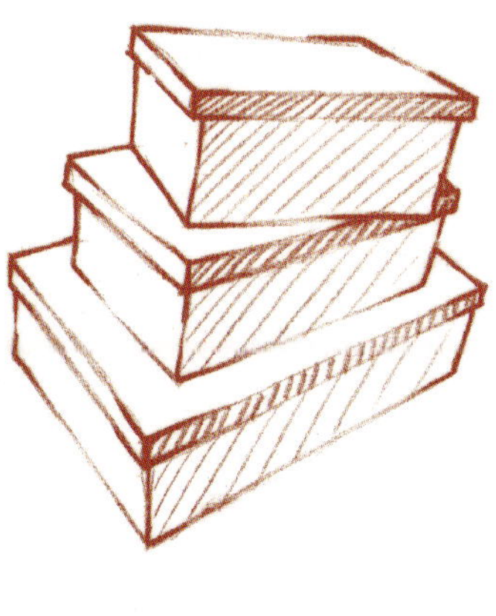

BIL
GARD
DICK

Tapeten …

… und Fingerabdrücke

Es besteht kein Grund zur Panik, wenn sich auf der neuen Tapete Fingerabdrücke finden. Formen Sie aus Kastenweißbrot eine Kugel, und reiben Sie damit vorsichtig über die Abdrücke.

❧

… und Nagellöcher

Sie wollen Ihre Bilder nach dem Tapezieren wieder am selben Ort aufhängen? Hierzu in die Löcher Zündhölzer stecken, sodass nur der Kopf heraussteht. Nach dem Tapezieren zeichnen sich deutliche kleine Blasen unter der Tapete ab. Die Tapete an diesen Stellen durchbohren, die Zündhölzer entfernen und die ursprünglichen Nägel oder Schrauben in den Löchern anbringen.

❧

… Blasen

Zum Entfernen von Blasen unter der Tapete brauchen Sie eine Nadel, ein Stück Löschpapier, einen kleinen Tapetenroller und ein Bügeleisen. Die Blase mit der Nadel durchstoßen und die Tapete mit dem Roller glätten; dabei von außen nach innen arbeiten. Das Löschpapier darauf legen und die Tapete 30 Sekunden bei niedriger Temperatur glätten.

❧

… schrumpfende Tapeten

Manchmal entstehen zwei bis drei Tage nach dem Tapezieren Lücken zwischen den einzelnen Bahnen. Dies lässt sich verhindern, wenn man die Tapetenrollen eine Stunde vor dem Tapezieren in den Kühlschrank legt. Sie ziehen sich zusammen und verändern sich nach dem Trocknen nicht mehr.

Cocktailgläser

Verzieren Sie Cocktailgläser mit einem glänzenden Zuckerrand. Etwas Zitronensaft und Puderzucker auf getrennte Teller geben. Die Gläserränder zuerst in den Saft und anschließend in den Zucker tauchen, der am Glas kleben bleibt.

❧

Fensterzierbau

Ein Fensterzierbau verleiht dem Keller mehr Wärme. Bringen Sie weit oben an einer Wand zwei oder drei nach unten strahlende Lichtquellen an und hängen Sie einen Vorhang davor. Die eingeschalteten Lampen hinter dem Vorhang vermitteln den Eindruck von einfallendem Tageslicht.

❧

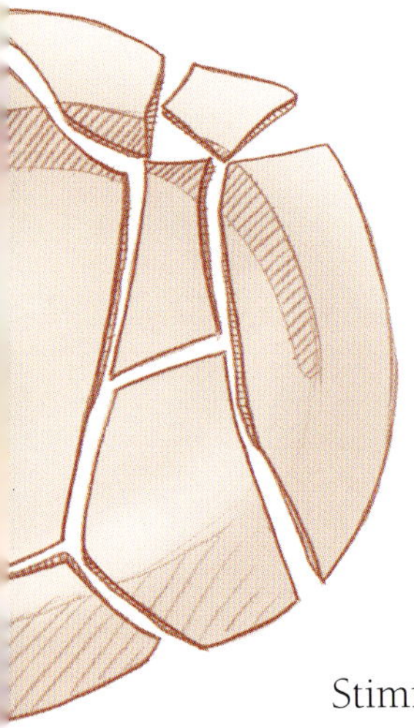

Mosaik

Stellen Sie aus den Scherben mehrerer zerbrochener Teller ein Mosaik her. Zerschlagen Sie die Scherben bei Bedarf in kleinere Stücke. Ein Mosaik verleiht einem Möbelstück oder einer Badezimmerwand eine besondere dekorative Note.

❧

Passende Tischdekoration

Stimmen Sie die Tischdekoration auf die Gerichte oder die Jahreszeit ab. Verteilen Sie im Herbst bunte Blätter oder im Frühjahr verschiedenfarbige Blüten auf der Tischdecke. Lassen Sie Ihrer Phantasie freien Lauf, und beeindrucken Sie Ihre Gäste mit einer originellen Tischdekoration.

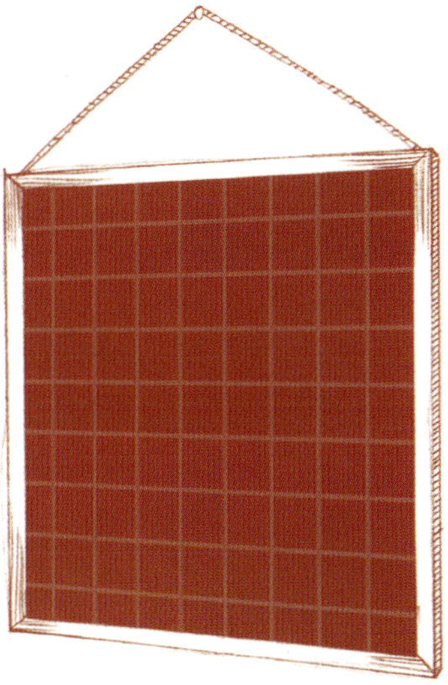

Wandtafel

Lieben Sie die Atmosphäre in einem französischen Bistro? Dann hängen Sie in Ihrer Küche eine Wandtafel auf, um darauf Einkäufe oder die Menüfolge zu notieren. Das ist praktisch und sieht gut aus.

❧

Abbeizpaste

Zum Herstellen einer Abbeizpaste, die weniger aggressiv als käufliche Pasten ist, benötigen Sie mehrere Grundzutaten. 200 Gramm Mehl in einem Liter kochenden Wasser aufkochen. 200 Gramm Scheuersand mit einem weiteren Liter Wasser verrühren. Ein Gel entsteht, wenn die beiden Pasten vermischt werden. Dieses Gel auf die Möbel auftragen und mehrere Stunden einwirken lassen. Die Farbe wird beim Entfernen des Gels mit abgelöst.

❧

Duftkerzen

Duftkerzen aus Mandarinen, wie geht das? Die Haut mit einem scharfen Messer zu drei Vierteln einschneiden, ohne in das Fruchtfleisch zu schneiden (der kürzere Abschnitt sollte dem Stielansatz gegenüber liegen). Diesen „Hut" vorsichtig abheben und die Fruchtsegmente herauslösen, ohne den weißen röhrenförmigen Teil in der Mitte zu entfernen. Er wird später als Docht verwendet. In den längeren Abschnitt wie bei einem Halloween-Kürbis ein regelmäßiges Muster schneiden. Etwas Speiseöl auf den Boden dieses Kerzenhalters gießen und den Docht anzünden. Nach dem Abbrennen durch eine Kerze ersetzen.

Farbeffekte …

… gesprenkelt

Terpentinöl verleiht einer gestrichenen Wand ein gesprenkeltes Aussehen. Die Farbe auftragen und vor dem Trocknen mit einem trockenen Pinsel Öltröpfchen darauf spritzen.

❧

… „Knittereffekt“

Dieser Effekt entsteht, wenn man zwei gleiche Farben mit unterschiedlichen Trockenzeiten verwendet. Zunächst die Farbe mit der längsten Trockenzeit großzügig auf die Möbel auftragen. Etwas trocknen lassen und danach die schnell trocknende Farbe auftragen (beide Farben sollten wasserhaltig sein). Diese zweite Schicht härtet sehr schnell aus und erzeugt während des Trocknungsprozesses der unteren Schicht einen „Knittereffekt“.

❧

… marmoriert

Für ein marmoriertes Aussehen werden zwei verschiedene Töne der selben Farbe verwendet. Zunächst den helleren Ton auf Möbel oder Wände auftragen und trocknen lassen. Danach den dunkleren Ton auftragen und die Oberfläche sofort mit einem Lappen betupfen, sodass die hellere Schicht an einigen Stellen durchscheint.

❧

… rustikal

Ein rustikaler Effekt entsteht, wenn Spachtelmasse mit einem Rosshaarpinsel aufgetragen wird. Die Wände müssen hierzu völlig sauber und trocken sein. Die Spachtelmasse vorbereiten und bei Bedarf Farbe zufügen. Die Masse mit einem sehr steifen Pinsel immer in der gleichen Richtung auftragen.

Selbst gemachte Kerzen

Stellen Sie Kerzen aus Kerzenresten selbst her. Hierzu die Kerzenreste im Simmertopf oder Wasserbad schmelzen. Sie können die Farben getrennt schmelzen und anschließend portionsweise in eine Form gießen oder verschiedene Farben gemeinsam schmelzen. Dann erhalten Sie entweder eine mehrfarbige Kerze oder eine mit einer neuen Farbe. Eine in Öl getauchte Schnur dient als Docht. Sie können auch unterschiedliche Formen verwenden.

Schnelle Lochfüllung

Ein Loch in der Wand ist schnell beseitigt, wenn es mit Zahnpasta gefüllt wird. Die Stelle trocknen lassen und mit einem kleinen Pinsel die entsprechende Wandfarbe darauf auftragen.

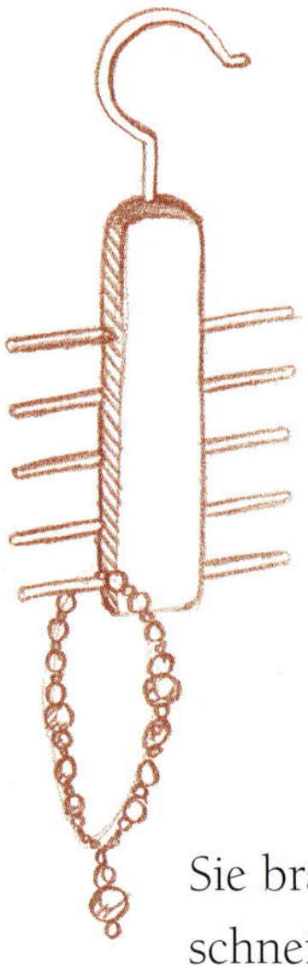

Kettenhalter

Bewahren Sie Ketten und Anhänger nicht achtlos in einer Schublade. Hängen Sie die Schmuckstücke stattdessen im Badezimmer auf einen Krawattenhalter. Das verleiht dem sehr funktionellen Raum eine dekorative Note.

Glas schneiden

Sie brauchen nur eine Schnur und etwas Benzin oder Kerosin, um nach dem Glasschneiden eine saubere Schnittfläche in flachem oder gebogenem Glas zu erhalten. Den Faden in Benzin oder Kerosin tauchen, in die Einkerbung legen (er sollte perfekt hineinpassen) und anzünden; er erwärmt sich dabei sehr stark (bei dieser Tätigkeit lederne Arbeitshandschuhe tragen, um Verbrennungen zu vermeiden!). Das Glas anschließend in kaltes Wasser tauchen; es bricht entlang der Einkerbung sauber entzwei. Die Ränder zuletzt mit Sandpapier glatt schmirgeln.

Konservendosen

Verwenden Sie alte Konservendosen als Vase für Trockenblumen oder Kerzenhalter. Die Dose mit Wasser füllen und in den Gefrierschrank stellen. Wenn das Wasser gefroren ist, mit einem Hammer ein regelmäßiges Muster in den Dosenrand klopfen. Das Eis verhindert das Verbeulen der Dose. Zuletzt die Dose bemalen.

❧

Bonbonkrone

Überraschen Sie Ihre Kinder an Weihnachten mit einer Bonbonkrone. Ein entsprechend langes Stück Alufolie zusammendrücken und daraus eine Wurst formen, dabei die hinteren 20 Zentimeter gerade lassen. Die Wurst zu einem Ring formen; das flache Ende über die Wurst legen und zusammendrücken. An dieser Krone können Sie nun mithilfe dünner Drähte die Bonbons befestigen. Sie können auch eine Sternform basteln.

❧

Leuchter aus Christbaumlichtern

Christbaumlichter können nicht nur zur Dekoration des Christbaums verwendet werden, Sie können daraus auch einen Kronleuchter machen. Die Lichter mit einem Draht befestigen. Sie können daraus einen Leuchter Ihrer Wahl formen und an der Decke befestigen.

❧

Wieder verwendbare Schablonen

Unverwüstliche Schablonen lassen sich aus alten Plastikdecken herstellen. Stecken Sie die gewünschte Form ab und legen Sie das Plastikstück darüber. Die Ränder mit einem Filzstift nachzeichnen und die Form ausschneiden. Die Schablone kann mit Wasser gereinigt und anschließend wieder verwendet werden.

Blumen ...

... Schnittblumen

Sie brauchen nur eine Stricknadel und ein paar Cents, damit Schnittblumen, vor allem Tulpen, länger halten und besser aussehen. Die Tulpen bleiben aufrecht, wenn Sie die Nadel genau unterhalb der Blüte durch den Stiel stecken. Außerdem halten sie länger, wenn Sie einige Cents ins Wasser legen. Deren Oxidation kommt den Blumen zugute. Führen Sie mit einem scharfen Messer an den Stielenden einen glatten, diagonalen Schnitt aus, und stellen Sie die Blumen nur in Leitungswasser.

❧

... längere Stiele

Kein Problem, wenn die Blumenstiele zu kurz für Ihre Lieblingsvase sind. Stecken Sie die Stiele in Plastikstrohhalme. Achten Sie beim Gießen darauf, dass die Stielenden im Wasser stehen.

❧

... Trockenblumen

Trockenblumen halten länger, wenn sie mit Haarspray besprüht und erst anschließend kopfüber hängend getrocknet werden. Die Stiele bleiben dadurch stabiler.

❧

... Platzdecken und Untersetzer

Dekorieren Sie Platzdecken und Untersetzer frühlingshaft mit getrockneten Blüten. Hierzu verschiedene Blüten zwischen zwei Blätter Lösch- oder Küchenpapier legen und mit einem Buch beschweren. Die getrockneten Blüten auf Pappe aufkleben und mit transparentem Lack überziehen. Nun können Sie die Pappe in einer beliebigen Form ausschneiden.

Pflege

Reinigen Sie alles mit einer Flasche Essig, beseitigen Sie Gerüche mit einem Korken oder reinigen Sie Kupfer mit einer Mehlpaste …

Dieses Kapitel beinhaltet alle Tricks, die Sie brauchen, um Ihr Zuhause mit gängigen Mitteln zu reinigen, zu desodorieren und zu desinfizieren.

Rußflecken

Rußflecken in der Umgebung des Kamins können Sie mit Abbeizpaste zu Leibe rücken. 200 ml Schmierseife in einen Eimer mit heißem Wasser gießen und das Ganze abkühlen lassen. Danach 700 Gramm Bimssteinpulver und Salmiakgeist zufügen und alles zu einer homogenen Mischung verrühren. Diese mit einem Schwamm dünn auf die verschmutzten Stellen auftragen und eine Stunde einwirken lassen. Die Stelle mit einer harten Bürste und etwas Seife einreiben und die Mixtur weitgehend entfernen. Sämtliche Reinigerreste mit einem großen Schwamm und Wasser entfernen.

❧

Pflege von Bratpfannen

Teflonbeschichtete Pfannen müssen sorgfältig behandelt und gereinigt werden. Sie halten länger und werden gründlicher gereinigt, wenn Sie regelmäßig etwas Salz darin aufkochen. Der Schmutz haftet am Salz, und da kein Kratzen erforderlich ist, wird der Belag nicht beschädigt.

❧

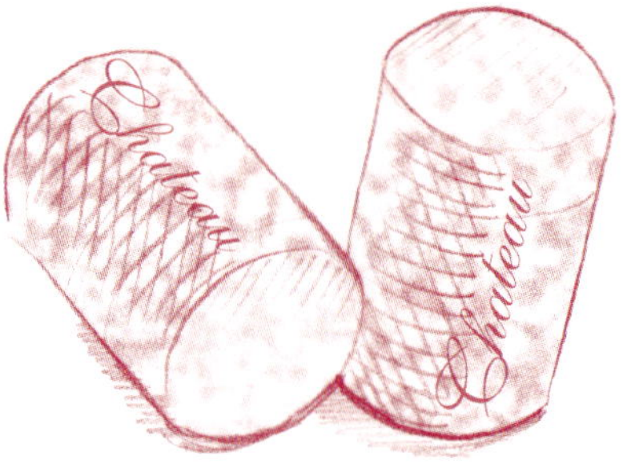

Korken

Werfen Sie Korken nicht in den Müll, denn sie können in der Küche hilfreich sein. Unangenehme Gerüche werden beseitigt, wenn Sie einige Korken in den Kühlschrank legen.

❧

Teppiche

Ein Brandloch im Teppich ist noch kein Grund zur Panik. Suchen Sie einen Rest mit einem ähnlichen Muster wie der beschädigte Teppich. Legen Sie ihn auf das Loch, schneiden Sie mit einem Teppichmesser ein Quadrat aus dem Rest und dem darunter liegenden Originalteppich. Hierzu ist etwas Druck beim Schneiden erforderlich. Entfernen Sie das alte Stück und kleben Sie stattdessen das neue Stück fest.

Tafelsilber

Mithilfe von Aluminium erhält Ihr Silberbesteck neuen Glanz. Legen Sie in ein Gefäß ein Stück Alufolie und darauf das Besteck. Fügen Sie kochendes Wasser zu und lassen Sie das Ganze eine halbe Stunde einwirken. Der dünne matte Belag wird entfernt und sammelt sich auf der Alufolie an.

❧

Kupfer reinigen

Kupfer erhält mit diesem einfachen Mittel seinen alten Glanz zurück, ohne dabei Schaden zu erleiden. Reichlich Mehl in eine Backschüssel geben, darin eine Mulde machen und ein Eiweiß, etwas Essig, den Saft einer Zitrone und etwas grobkörniges Salz zufügen. Das Ganze verrühren und zu einer weichen Paste verkneten. Die Paste auf dem Kupfer verteilen und eine halbe Stunde einwirken lassen. Die Paste danach entfernen und mit Wasser abspülen.

❧

Wachsflecken

Es ist sehr ärgerlich, wenn eine Kerze umfällt und hässliche Wachsflecken auf der Tischdecke hinterlässt. Geben Sie die Tischdecke keinesfalls sofort in die Waschmaschine, sondern legen Sie zuallererst ein Stück Küchenpapier auf den Fleck. Bügeln Sie bei niedrigster Temperatur über das Küchenpapier. Das Wachs wird dabei aufgesaugt. Danach können Sie die Tischdecke wie gewohnt waschen.

❧

Ebenholzasche

Verwenden Sie Kaminasche, um alte Holzmöbel zu restaurieren und ihnen einen Hauch von Ebenholz zu verleihen. Stellen Sie aus Asche und Gummiarabikum eine schwarze Mixtur her und bestreichen Sie damit das Möbelstück.

Mehrzweckessig …

… zur Reinigung der Herdplatten

Eingebrannte Reste auf den Herdplatten lassen sich oft schwer entfernen. Verteilen Sie destillierten Malzessig darauf und lassen Sie ihn einige Zeit einwirken; die Flecken werden dadurch aufgeweicht. Sie müssen die Platten danach nur noch gründlich mit einem feuchten Schwamm abwischen.

❧

… zur Reinigung von Bodenfliesen

Bodenfliesen und andere Terrakottafliesen erfordern etwas Sorgfalt, damit sie gepflegt aussehen. Fügen Sie dem Wischwasser ein Glas destillierten Malzessig bei und wischen Sie damit die Fliesen nach der Reinigung. Sie erhalten dadurch einen feinen Glanz und sehen wieder wie neu aus.

❧

… zum Entfernen von Wasserflecken

Was tun gegen runde Flecken auf Möbeln, die durch abgestellte feuchte Gläser verursacht worden sind? Aus 6 Esslöffeln Essig und einem halben Glas Wasser eine Mischung herstellen und einen Lappen damit befeuchten. Mit dem Lappen kräftig über den Fleck reiben, bis er verschwunden ist.

… zum Polieren der Möbel

Wenn keine Möbelpolitur zur Hand ist, kann man auch eine Mischung aus einem Glas Essig und zwei Esslöffeln Öl verwenden. Diesen „Zauberessig“ mit einer Bürste auf die Holzmöbel auftragen und trocknen lassen. Durch das anschließende Polieren erhalten Ihre Möbel ihre hübsche Patina wieder zurück.

Strohmatten

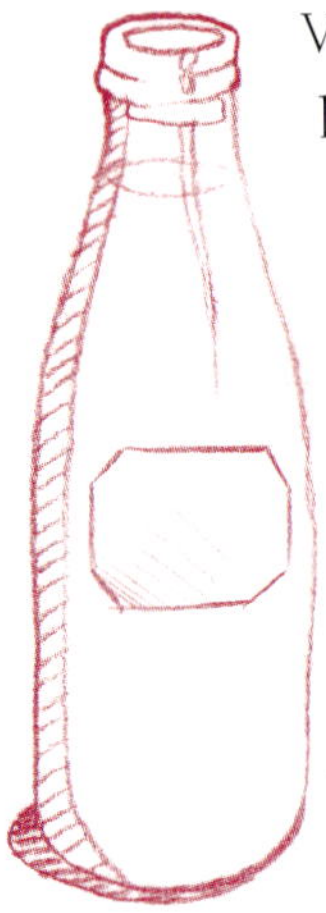

Viele schrecken vor dem Kauf von Strohmatten zurück; sie sehen zwar hübsch aus, lassen sich aber schlecht pflegen. Die Matten ziehen Staub an, und der Schmutz sammelt sich in den Hohlräumen an. Zur perfekten Pflege brauchen Sie nur etwas Milch und eine Bürste. Die Matte vor dem Absaugen kräftig bürsten. Einen Lappen kurz in die Milch eintauchen und damit die Strohhalme gründlich säubern. Die Halme werden durch die Milch wieder glänzend und weicher. Dadurch können sie nicht brechen oder zersplittern. Den Reiniger von der gesamten Matte mit einem Lappen abwischen und die Matte danach absaugen, um sämtliche Rückstände vom Bürsten zu entfernen.

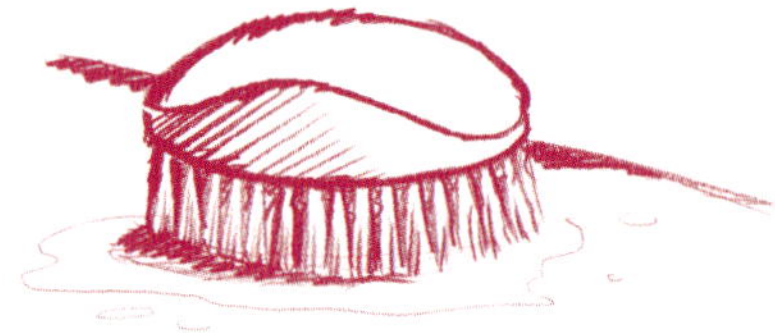

❧

Künstliche Blumen

Künstliche Blumen ziehen Staub und Schmutz an. Aus altem, leicht angefeuchtetem Kastenweißbrot eine feste Kugel formen und damit die Blumen abreiben. Danach das Ganze mit einem Rasierpinsel abbürsten.

❧

Scharfe Scheren

Zum Schärfen von Messern oder Scheren brauchen Sie lediglich eine Glasflasche. Zum Schleifen der Schere mehrmals den Flaschenhals damit scheinbar „durchschneiden". Die Messer zum Schleifen mehrmals über dem Flaschenhals ähnlich wie über einem Wetzstahl abziehen.

❧

Fliegendreck

Fliegen belästigen uns im Sommer nicht nur mit ihrem unablässigen Gesumme, sondern hinterlassen ihren schwarzen Dreck auf glänzenden Oberflächen. Die Flecken verschwinden, wenn Sie sie mit einer Zwiebelhäfte einreiben und den Bereich danach feucht abwischen.

Grobkörniges Salz

Bei der Hausarbeit kann grobes Salz sehr hilfreich sein. Eine Prise Salz auf sehr schmutzigen Tellern verleiht Ihrem Schwamm beim Abwasch die doppelte Reinigungskraft. Oder geben Sie zwei Prisen Salz unter den Wischmopp, dann bekommt er mehr „Biss“.

Rostflecken

Rostflecken auf Metallbesteck und -schüsseln lassen sich mit einer Zwiebel entfernen. Die Messerklinge mehrmals in die Zwiebel stecken, bis alle Flecke verschwunden sind. Zur Reinigung von Schüsseln eine Zwiebelhälfte mit grobem Salz bestreuen und damit die Schüssel scheuern.

Reinigende Pflanzen

Die Luft in Wohnräumen kann durch Pflanzen wirksam gereinigt werden. Für Raucher interessant: Efeu absorbiert beispielsweise einige schädliche Substanzen, die beim Verbrennen von Tabak entstehen. Ficus, Palmen und Sansevierien sind ebenfalls gute „Luftsanierer“. Man sollte diese Pflanzen aber nicht ins Schlafzimmer stellen.

Essig zum Entkalken

Zum Entkalken der Kaffeemaschine sind keine speziellen Produkte erforderlich. Einfach den Wassertank mit klarem Essig oder verdünnter Essigessenz füllen und die Maschine einschalten. Danach mehrmals Wasser durchlaufen lassen.

„Zaubernatron" …

… in unbenutzten Spülmaschinen

Unbenutzte Spülmaschinen fangen nach einiger Zeit an zu „muffeln". Werfen Sie eine Handvoll Natron in die Maschine, damit Sie nach dem Urlaub keine böse Überraschung erleben.

❧

… zur Reinigung von Duschkabinen

Die Reinigung von Duschkabinen aus Plastik ist eine mühsame Angelegenheit, an der viele Produkte scheitern. Probieren Sie Natron und scheuern Sie damit die Duschkabine kräftig.

❧

… als selbst hergestellter Reiniger

Stellen Sie ein Produkt her, das gleichzeitig reinigt und desodoriert. Eine Tasse Salmiakgeist, eine halbe Tasse Spülmittel und 2 Esslöffel Natron in eine alte Sprühflasche gießen. Die Flasche mit Wasser auffüllen und einige Tropfen Duftöl dazugeben. Alles gut schütteln und auf die Oberflächen zum Reinigen und Desodorieren sprühen.

… als Fliesenpolitur

Töpferware und Fliesen werden nach häufigem Reinigen aufgrund von Kalkablagerungen stumpf. Stellen Sie aus etwas Essig und Natron eine Paste her und verteilen Sie diese auf den stumpfen Oberflächen. Entfernen Sie die Paste nach einer Stunde, und spülen Sie die Fliesen mit klarem Wasser ab.

Zinn

Zur Pflege von Zinnutensilien gibt es natürlich unzählige Spezialprodukte. Es gibt aber auch zwei oder drei ebenso wirkungsvolle Tricks. Zunächst Stahlwolle in Pflanzenöl tauchen und damit die Rostflecken bearbeiten. Abspülen, danach das Stück mit Holzasche scheuern, erneut abspülen und anschließend mit einem Fensterleder polieren. Verbliebene Flecken erneut behandeln, diesmal zum Scheuern einige rohe Kohlblätter und anschließend eine Mischung aus Weißpaste (Kalziumkarbonat) und Brennspiritus verwenden.

❧

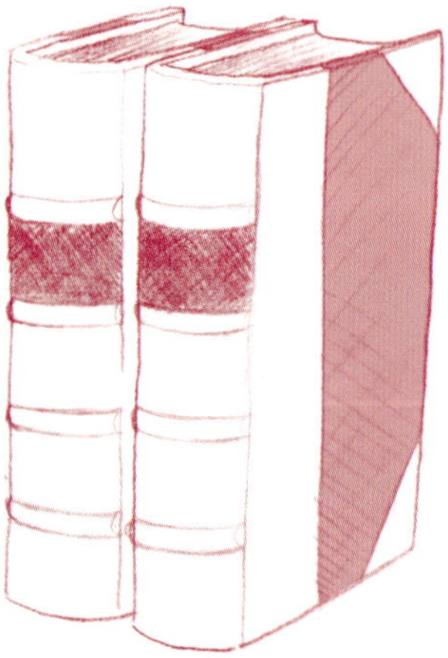

Insektenabwehr

Besprühen Sie die Regale mit einem insektenabwehrenden Pflanzenöl, um Ihre Bücher vor bleibenden Verschmutzungen zu schützen. Zitronellöl, Thymian- und Bergamotteöl sind sehr wirksam.

❧

Schneidbretter

Selbst bei gründlicher Reinigung bleiben häufig Speisereste auf dem Schneidbrett zurück. Das Brett wird gründlich gereinigt – selbst Messereinkerbungen werden entfernt –, wenn Sie es mit der Schale von Zitrusfrüchten scheuern.

❧

Modeschmuck

Modeschmuck läuft schnell schwarz an, da er oft aus billigen Legierungen besteht. Er erhält seinen alten Glanz zurück, wenn Sie ihn mit einer Zahnbürste und -paste sorgfältig reinigen und danach mit Wasser abspülen.

Glasscherben

Es ist eine gefährliche Sache, Glasscherben mit der Hand einzusammeln. Sicherer geht es, wenn Sie eine große, feste Kugel aus altem, etwas angefeuchtetem Kastenweißbrot formen und damit die Scherben wegtupfen.

Facelifting für Möbel

Hat der Zahn der Zeit an Ihren Möbel genagt und darin Löcher, Krater und Aufhellungen hinterlassen? Graben Sie zum Restaurieren der Möbelstücke Ihre Politurdosen aus. Mischen Sie aus verschiedenen Tönen die ursprüngliche Farbe des Stückes. Tragen Sie die Mixtur mit einem Lappen an einer unauffälligen Stelle probeweise auf. Polieren Sie das gesamte Stück, sobald die Schattierung passt. Die Löcher und Kratzer werden überdeckt, und das Möbelstück erhält wieder eine einheitliche Farbe.

Glänzendes Kristall

Kristallglas erhält neuen Glanz, wenn Sie es einen halben Tag zusammen mit ein paar rohen Kartoffelscheiben in heißes Wasser legen, dabei regelmäßig umrühren und das Glas danach trocknen.

Frische Luft

Im Winter ist es oft schwierig, die Räume ausreichend zu lüften. Besitzer eines Kamins können sich glücklich schätzen. Eine einfache Methode besteht darin, einige Wacholderbeeren und zerdrückte, trockene Obstkerne ins Feuer zu werfen. Sie verströmen einen sehr angenehmen, frischen Duft.

… Bücher

Alte ungepflegte Bücher werden feucht und schließlich schimmelig. Auch wenn ihre Restaurierung schwierig ist, können Sie trotzdem getrocknet und der Schimmel beseitigt werden. Bestreuen Sie sämtliche Seiten mit Stärkemehl. Lassen Sie das Buch einige Stunden aufgeschlagen liegen. Entfernen Sie anschließend Schimmel und Mehlreste mit einer Bürste von den Seiten.

Schimmelkontrolle …

… in Teekannen

Es ist eine schlechte Angewohnheit, Teekannen nicht nach jedem Gebrauch zu reinigen. Es bleibt immer etwas Flüssgkeit zurück, die sehr schnell schimmeln und dem Tee einen schalen Geschmack verleihen kann. Die schädliche Feuchtigkeit wird aufgenommen, wenn Sie stets einen Zuckerwürfel in die leere Kanne legen.

❧

… in Fliesenfugen

In unzureichend belüfteten Bädern entsteht Schimmel entlang der Fliesenfugen und Dichtungen. Aus Scheuersand und etwas Bleichmittel eine Paste herstellen und auf die Stellen auftragen. Einen Tag einwirken lassen, danach mit einer Bürste oder einem Schwamm entfernen und gründlich abwaschen.

❧

… in Schränken

Schimmel und Staub in Schränken entstehen aufgrund schlechter Belüftung. Die Lösung liegt in der richtigen Organisation der Schrankfächer. Die Schränke und Schubladen nicht zu voll packen; schimmelanfällige Gegenstände (vor allem Leder) auf kleine Ablagen legen, unter denen die Luft zirkulieren kann. Falls möglich, kleine Löcher in den Möbelboden bohren und durchbrochene Unterteilungen und Schubladen einbauen.

Schlechter Geruch im Kühlschrank

Schlechte Gerücke im Kühlschrank lassen sich mit den absorbierenden Eigenschaften von Kohle und Natron sowie dem Duft von Pflanzen beseitigen. Als kleinen Beutel eine Socke verwenden. Den Beutel auf ein Küchentuch legen und einen Esslöffel Filterkohle (im Aquarienfachhandel erhältlich), einen Löffel Natron und eine gehäufte Messerspitze verschiedener Gewürze oder Obstschalen hineingeben (Schalen von Zitrusfrüchten, Zimt, Vanille). Den Beutel verknoten, mit Schnur zusammenbinden und in den Kühlschrank legen. Schlechte Gerüche werden für einige Monate herausgefiltert.

❧

Glänzendes Elfenbein

Wie werden Gegenstände aus altem, gelb gewordenem Elfenbein wieder weiß? Eine Zitronenhälfte mit Salz bestreuen und die Stücke damit scheuern. Der matte Belag auf dem Elfenbein wird durch die scheuernden Eigenschaften des Salzes und die Säure der Zitrone beseitigt.

❧

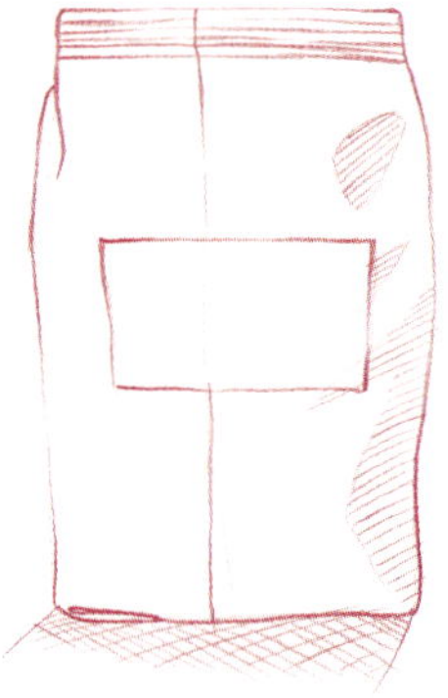

Desodorant für Teppiche

Teppiche lassen sich mit Speisestärke desodorieren. Die Speisestärke auf den Teppich streuen und einige Stunden einwirken lassen. Den Teppich anschließend kräftig bürsten und absaugen.

❧

Mahagoni

Wie lassen sich Kratzer auf Mahagonitischen beseitigen? Einen Wattebausch mit Jodtinktur befeuchten und damit entlang der Kratzer fahren; dabei kräftig drücken. Überschüssige Flüssigkeit entfernen. Die neu gefärbten Kratzer sind verschwunden.

Muffige Abfalleimer

Katzenstreu verhindert, dass sich unangenehme Katzengerüche in der Wohnung verteilen; warum sollte man sie nicht auch für die Abfalleimer verwenden? Streuen Sie etwas Katzenstreu auf den Boden der Abfalleimer, und zwar sowohl innen als auch außen.

❧

Zerbrochene Vasen

Gibt es Abhilfe, wenn der Boden der Vase gesprungen ist und Wasser ausläuft? Eine Kerze anzünden und eine dicke Schicht Wachs auf den Vasenboden tropfen lassen. Die Vase wird dadurch einige Zeit dicht bleiben. Die Wachsschicht wird jedoch allmählich wieder entfernt, wenn Blumenstiele am Vasenboden scheuern. Dann den Vorgang wiederholen.

❧

U-förmige Röhren

Regelmäßig eingebrachter Kaffeesatz kann unangenehme Gerüche und Verstopfungen in U-förmigen Röhren verhindern. Der Kaffeesatz bindet zum einen unangenehme Gerüche, zum anderen haftet er beim Spülen an den Rohrwänden und nimmt den Fettfilm auf, der zu Verstopfungen führt.

❧

Kerzen

Mit einem sehr einfachen Trick lässt sich verhindern, dass brennende Kerzen Wachsflecken auf der Tischdecke hinterlassen. Die Kerzen 24 Stunden in stark gesalzenes Wasser legen. Die Salzschicht bewirkt, dass die Kerze langsamer abbrennt und das Wachs trocknet, bevor es auf das Tischtuch tropft.

Wassersparmaßnahmen ...

... in Toiletten

Bei jedem Spülvorgang der Toilette werden 8 bis 9 Liter wertvolles „Nass“ heruntergespült, obwohl 7 Liter genügen würden. Füllen Sie zwei 500 ml fassende Plastikflaschen mit Wasser und legen Sie diese in den Spülkasten. Auf diese Weise können Sie bei jedem Spülvorgang einen Liter Wasser sparen.

❧

... im Bad

Es besteht keinerlei Grund, den Wasserhahn beim Zähneputzen oder Rasieren laufen zu lassen. Pro Minute werden damit 9 Liter Wasser verschwendet. Verwenden Sie nach dem Zähneputzen ein wassergefülltes Glas zum Spülen. Füllen Sie zum Rasieren etwas Wasser ins zugestöpselte Waschbecken, und drehen Sie den Wasserhahn danach wieder zu.

❧

... in der Küche

Füllen Sie für den Abwasch das Waschbecken mit Wasser und Geschirrspülmittel, anstatt ihn bei laufendem Wasser durchzuführen. Spülen Sie zunächst weniger verschmutzte Gegenstände und zuletzt die schmutzigsten. Dann müssen Sie nicht zwei- oder dreimal das Wasser wechseln für einen einzigen Abwasch.

❧

... in der Waschmaschine

Es hat mehrere Vorteile, Gummibälle in die Waschmaschine zu legen. Der Waschvorgang wird dadurch intensiver, und Sie können Wasser sowie etwa die Hälfte des Waschmittels einsparen. Diese Bälle sind käuflich zu erwerben, können aber auch selbst gemacht werden. „Rupfen“ Sie hierzu einen alten Tennisball. Darunter finden Sie einen kleinen Ball, der für diesen Trick bestens geeignet ist.

Dank an Dina, Éric und François-Charles für ihre Hilfe, und an Philippe. Mein spezieller Dank geht an Oma.

Text: Nicolas Priou
Fotos: Corbis; Seiten 6, 30, 86, 103, 105, 124: Julien Vallé.
Graphikdesign, Illustrationen und Layout: Jean-Philippe Gauthier
Übertragung aus dem Englischen: Ingrid Ahnert

Im Internet finden Sie unser Verlagsprogramm unter: www.doerfler-verlag.de